TER
MI
NE

Dados Internacionais de Catalogação na Publicação (CIP)
(Câmara Brasileira do Livro, SP, Brasil)

Acuff, Jon
 Termine : a alegria de acabar o que você começa / Jon Acuff ; tradução Sandra Martha Dolinsky. — 1. ed. — São Paulo : Editora Hábito, 2022.

 Título original: Finish: Give yourself the gift of done

 ISBN 978-65-84795-18-1
 e-ISBN 978-65-84795-17-4

 1. Gerenciamento de tempo 2. Motivação (Psicologia) 3. Produtividade do trabalho I. Dolinsky, Sandra Martha. II. Título.

22-137762   CDD-650.1

Índices para catálogo sistemático:
1. Administração do tempo   650.1
Aline Graziele Benitez — Bibliotecária — CRB-1/3129

TERMINE

JON ACUFF

A ALEGRIA DE ACABAR
O QUE VOCÊ COMEÇA

EDITORA HÁBITO
Avenida Recife, 841 — Jardim Santo Afonso — Guarulhos, SP
CEP 07215-030 — Tel.: 0 xx 11 2397-1019
contato@editorahabito.com.br — www.editorahabito.com.br
/editorahabito   @editorahabito

- **TERMINE**
  ©2021, Jon Acuff
  Originalmente publicado em inglês sob o título:
  Finish: Give yourself the gift of done
  Publicado com autorização contratual Portfolio, um selo da Penguin Publishing Group,
  uma divisão da Penguin Random House LLC (Nova York, NY)

  Todos os direitos desta edição em língua portuguesa reservados
  e protegidos por Editora Hábito pela Lei 9.610, de 19/02/1998.
  É proibida a reprodução desta obra por quaisquer meios (físicos, eletrônicos
  ou digitais), salvo em breves citações, com indicação da fonte.

- Todas as citações foram adaptadas segundo o Acordo Ortográfico da
  Língua Portuguesa, assinado em 1990, em vigor desde janeiro de 2009.

- As opiniões expressas nesta obra refletem o ponto de vista de seus autores
  e não são necessariamente equivalentes às da Editora Hábito ou de sua equipe editorial.

  Os nomes das pessoas citadas na obra foram alterados nos casos
  em que poderia surgir alguma situação embaraçosa.

  Todos os grifos são do autor, exceto indicação em contrário.

- Editor responsável: Gisele Romão da Cruz
  Editor-assistente: Aline Lisboa M. Canuto
  Tradução: Sandra Martha Dolinsky
  Revisão de tradução: Josemar de Souza Pinto
  Revisão de provas: Emanuelle G. Malecka
  Projeto gráfico: Claudia Fatel Lino
  Diagramação: Willlians Rentz
  Capa: Thiago Bech

- **1. edição:** mar. 2023

- Esta obra foi composta em *Adobe Garamond Pro*
  e impressa por Exklusiva Gráfica e Editora sobre papel
  Pollen Natural 70 g/m² para Editora Hábito.

*Para meus pais, Mark e Libby Acuff,
que acreditaram que eu era
escritor muito antes de mim.*

SUMÁRIO

INTRODUÇÃO
O fantasma errado 9

CAPÍTULO 1
O dia depois do perfeito 15

CAPÍTULO 2
Corte seu objetivo pela metade 25

CAPÍTULO 3
Escolha suas batalhas 37

CAPÍTULO 4
Para acabar as coisas, faça que sejam divertidas ... 51

CAPÍTULO 5
Saia de seus esconderijos e ignore
os obstáculos nobres — 75

CAPÍTULO 6
Livre-se de suas regras secretas — 99

CAPÍTULO 7
Use dados para comemorar seu
progresso imperfeito — 121

CAPÍTULO 8
A véspera do fim — 163

CONCLUSÃO — 181

AGRADECIMENTOS — 185

INTRODUÇÃO

O FANTASMA ERRADO

Lutei contra o fantasma errado em 2013.
Naquele ano, publiquei um livro exortando os leitores a começar, desafiando-os a sair do sofá, a abrir um negócio; encorajando-os a começar uma dieta ou a escrever um livro ou a ir atrás de um milhão de outros objetivos com que sonhavam havia anos.

Eu achava que o maior problema das pessoas era o fantasma do medo que as impedia de começar e que, se pudesse cutucá-las na linha de partida, tudo daria certo. Achava que o medo era o fantasma que as segurava e começar era a única maneira de vencê-lo.

Eu, porém, estava só meio certo.

Começar é importante. O início é significativo. Os primeiros passos são críticos, mas não são os mais importantes.

Sabe o que é mais importante? Sabe o que faz o começo parecer bobo, fácil e quase insignificante?

O final.

Ano após ano, durante eventos, os leitores me chamavam ao lado e diziam: "Nunca tive problemas para começar. Comecei um milhão de coisas, mas nunca terminei nenhuma. Como faço para terminar?".

Eu não tinha uma resposta, mas precisava de uma para minha vida também.

Já terminei algumas coisas. Já corri meias maratonas, escrevi seis livros e me visto muito bem hoje; mas essas são as exceções pela metade em minha vida.

Só concluí a leitura de 10% dos livros que possuo. Levei três anos para terminar seis dias do treino P90X para fazer em casa. Aos 23 anos, cheguei à faixa azul de caratê, cerca de 76 faixas abaixo da preta. Tenho 32 cadernos Moleskine pela metade em meu escritório e 19 tubos de hidratante labial quase acabados em meu banheiro. Um consultor financeiro enlouqueceria com a categoria hidratação labial de meu orçamento pessoal.

Minha garagem também é quase um mausoléu. Tenho lá um telescópio (usado cinco vezes), uma vara de pescar (usada três vezes) e uma prancha de *snowboard* com um ingresso de temporada de uma montanha local (usada zero vez). E quem pode esquecer a lambreta que comprei há três anos, na qual rodei o total de 35 quilômetros? Nem fiz os documentos dela. Eu vivo pela metade, não concluo nada.

Pelo menos, não estou sozinho nessa.

Segundo alguns estudos, 92% das resoluções de ano-novo não são cumpridas. Todo mês de janeiro, as pessoas começam com esperança e entusiasmo, acreditando que esse será o ano novo de um novo eu.

Contudo, embora 100% comecem, apenas 8% terminam. Estatisticamente, você tem a mesma chance de entrar na Juilliard e ser bailarina que de cumprir suas resoluções. E essa escola só aceita 8% dos inscritos.

Eu achava que meu problema era falta de esforço suficiente. Isso é o que todo guru de dentes brilhantes diz na internet. "Você tem de se mexer! Você tem de ralar! Quando morrer, vai poder descansar bastante!"

Eu achava que, talvez, fosse apenas preguiçoso.

Afinal, sabia que tinha níveis perigosamente baixos de *grit* [garra, determinação] na vida. Soube disso quando me avaliei pela excelente "Escala de *Grit*"[1] de Angela Duckworth. Minha pontuação foi tão baixa que nem entrou no gráfico. Deveriam dar pontos de bônus por terminar o teste. Pelo menos isso — surpreendentemente — eu fiz.

Comecei a levantar mais cedo, tomava bebidas energéticas suficientes para matar um cavalo, contratei um *coach* e passei a comer mais superalimentos.

Nada funcionou, mas desenvolvi um belo tremor nas pálpebras por causa de tanta cafeína. Parecia que eu estava flertando com todo o mundo, batendo os cílios, sabe?

Enquanto eu tentava ralar mais e alcançar estrelas como Abe Lincoln, lancei um desafio de 30 dias na internet. Chamava-se *30 Days of Hustle*[2] [30 dias de agitação], e foi um curso em vídeo que ajudou milhares de pessoas a atingir seus objetivos.

O que aconteceu a seguir foi, na melhor das hipóteses, um acidente. Sei que ninguém deve admitir isso em um livro como este; quando alguém escreve livros de autoajuda, fica tentado

---

[1] "Escala de *Grit*" de Angela Duckworth. Disponível em: https://angeladuckworth.com/grit-scale.

[2] Obra não traduzida para a língua portuguesa. [Peasley, Mike (Org.). **30 Days of Hustle Summary Research Report**. Memphis: University of Memphis, Department of Marketing & Supply Chain Management, 2016.]

a reescrever o próprio passado para provar que está qualificado para ajudar no futuro de outra pessoa.

Por exemplo, o líder que chegou ao sucesso com dificuldade volta no tempo e inventa dez passos que o levaram até lá, para poder escrever um livro chamado *10 passos para chegar ao sucesso*. Sinceramente, não planejei o que vou contar aqui. Fiquei tão surpreso quanto você vai ficar e muito animado por ter funcionado.

Na primavera de 2016, um pesquisador da Universidade de Memphis chamado Mike Peasley me abordou com uma proposta.

Peasley queria estudar pessoas que houvessem feito meu curso de definição de metas, *30 Days of Hustle*, para analisar o que havia funcionado ou não. Ele estava terminando o doutorado e queria escrever artigos sobre o que seu estudo revelasse. Nos meses que se seguiram, ele pesquisou mais de 850 participantes para construir uma sólida base de dados.

Foi uma experiência nova para mim, porque, antes disso, eu agia segundo a furtiva "lei" de 2003: "Invente o que quiser para falar na internet sem embasamento em fatos".

O que ele descobriu mudou toda a minha abordagem à conclusão das coisas, para este livro e, de certa forma, para a minha vida.

Mike descobriu que as pessoas que concluíram o curso tinham uma chance de sucesso 27% maior em relação às outras vezes em que tentaram estabelecer metas. Isso me animou, mas não me surpreendeu, pois, quando nos empenhamos consistentemente em algo por trinta dias, nosso desempenho nessa tarefa melhora.

O que foi surpreendente para mim é algo que deveria ser mais aparente para todos nós: os exercícios que levaram as pessoas a aumentar drasticamente seu progresso foram aqueles que diminuíam a pressão, que acabavam com o perfeccionismo paralisante que fazia que as pessoas desistissem de seus objetivos. Fosse para quem tentava emagrecer para entrar em um número menor de calça, ou escrever mais conteúdo em um *blog*, ou ganhar um aumento, os resultados foram os mesmos. Quanto menos as pessoas almejavam a perfeição, mais produtivas se tornavam.

Então, tentar mais não é a resposta.

Ralar mais não é a solução.

Iniciadores crônicos podem virar finalizadores consistentes.

Somos capazes de acabar as coisas.

Admita, você achava que este livro seria como um comercial de Red Bull, não? Que eu lhe daria algumas dicas, um pouco de motivação e lhe mostraria como conseguir o olho do tigre e o ajudaria a fazer mais, mais e mais!

Como está se saindo com isso? Esforçar-se mais está ajudando? Fazer mais está fazendo você gostar mais da vida? Algumas dicas de produtividade, truques para gestão de tempo ou para a vida ajudaram um pouco?

Não ajudaram nem vão ajudar.

Se quiser concluir as coisas, precisará fazer tudo que puder para se livrar do perfeccionismo logo de cara. Terá de se divertir, cortar seu objetivo pela metade, escolher quais coisas vai abandonar e que outras coisas não fará no início.

Isso foi o mais surpreendente em toda essa aventura. As lições práticas que aquela pesquisa me ensinou sobre o que é necessário para concluir as coisas são tão ilógicas que a maioria parece atalhos. Você vai achar que está trapaceando ou que o que está fazendo "não conta".

Sente certo peso na consciência ao ouvir a palavra "atalho"? Está se lembrando de todos os treinadores, chefes ou pais que disseram: "Não há atalhos na vida"?

Tudo bem; então, prometa que vai parar de usar o Google. Da próxima vez que precisar saber de alguma coisa, escreva uma carta para uma biblioteca. No papel. E use um selo daqueles que tem de lamber. Esses selos adesivos são um atalho.

Isso foi, essencialmente, o que os irmãos Wright[3] tiveram de fazer para arrumar um lugar para testar seus aviões. Eles escreveram para o US Weather Bureau em Washington, DC, e perguntaram onde havia o melhor vento no país. Um burocrata fez algumas pesquisas, reuniu relatórios e, depois, respondeu. Depois de analisar os dados, eles escolheram Kitty Hawk, na Carolina do Norte. A seguir, escreveram para o chefe dos correios para perguntar como era realmente a ilha. E esperaram a resposta.

O processo levou uma eternidade, pelo menos para nossos padrões de hoje, porque agora temos atalhos.

Pedir a um morador de Martha's Vineyard uma recomendação de praia é um atalho. (A propósito, a resposta é "vá para Tashmoo".)

Desligar o *wi-fi* de seu *notebook* quando precisa se concentrar em algo é um atalho.

Recusar-se a ter sorvete em casa quando está tentando perder peso é um atalho.

Se está cansado de começar e não terminar, tenho algumas coisas para lhe mostrar. E tudo começa com a maneira como você lida com o dia mais importante de qualquer objetivo.

---

[3] Obra não traduzida para a língua portuguesa. [MCCULLOUGH, David. **The Wright Brothers.** Nova York: Simon & Schuster, 2015.]

CAPÍTULO 1

O DIA DEPOIS DO PERFEITO

"Começar bem já é metade do caminho" é uma das minhas declarações motivacionais falsas favoritas. A outra é: "Às vezes, você tem de pular do penhasco para desenvolver suas asas". Eu vi essa em uma foto que tinha um lobo, o que foi intrigante, porque, segundo minha limitada compreensão do reino animal, lobo nenhum jamais criou asas. Graças a Deus, porque, se os lobos descobrissem a mecânica do voo, já era.

Temos a tendência de pôr muita ênfase nos começos. Ao fazer isso, não damos atenção ao único dia que destrói mais objetivos que qualquer outro. Nos primeiros 41 anos de minha vida, jamais ouvi alguém falar desse dia. Eu era tão sem noção quanto as pessoas fictícias que ainda moram na praia onde *Tubarão* foi filmado. Não deveriam ter feito *Tubarão 2*. Esse filme deveria ter se chamado *Um monte de moradores da praia se mudam para Ohio, onde não há tubarões*. Isso não caberia em um letreiro de cinema, mas pelo menos eles teriam evitado outro desastre envolvendo tubarões.

TERMINE

Apesar de todo o trabalho que dedicamos ao planejamento de nossas metas, apesar dos novos tênis, dietas e planos de negócios, não percebemos o dia mais importante, o dia que é a razão de eu não poder mais comprar feijão preto em lata na Costco.

A loja não me proíbe, não foi uma decisão da gerência — se bem que eu abuso das amostras grátis deles. Um dia, estavam distribuindo Oreos, provavelmente para meia dúzia de americanos que nunca haviam experimentado esse biscoito. Foi estranho conversar com o funcionário que estava distribuindo, porque eu achava que tinha de fingir que nunca havia ouvido falar de Oreos. "Como chama isso? Sanduíche de biscoito de chocolate? Não? É 'Oreo'? Falei direito? Que capricho!"

Bom, mas eu não posso comprar feijão preto lá porque eles só vendem caixa fechada. Não dá para comprar só uma lata, tem de comprar mil.

É muito feijão, mas, pelo menos uma vez por ano, acho que preciso dessa quantidade.

Quando me exercito, decido "ficar sério". Lembro-me de que no livro de Timothy Ferriss, *4 horas para o corpo*[1], ele recomenda um café da manhã simples com ovos, feijão preto, espinafre, cominho e salsa. Quando minha família me vê abrindo o armário para pegar feijão preto, todos gemem: "Ah, não! Lá vamos nós de novo".

Eles sabem que pelos próximos 12 dias seguidos vou comer feijão preto.

Por que apenas 12? Porque no décimo terceiro vou estar muito ocupado, ter uma reunião ou estar viajando a trabalho, sem os feijões. E, ao perder um dia, desisto do projeto todo.

---

[1] FERRISS, Timothy. **4 horas para o corpo.** Rio de Janeiro: Intrínseca, 2012.

Uma vez interrompida a sequência, não consigo retomá-la. Minha pontuação não é mais perfeita; então, eu paro de uma vez. Essa é uma reação surpreendentemente comum a erros que cometemos.

Se entrevistarmos pessoas sobre a razão de desistirem de seus objetivos, todas usarão uma linguagem parecida.

"Fiquei para trás e não consegui me recuperar."

"A vida atrapalhou, e meus planos descarrilaram."

"O projeto saiu dos trilhos, e ficou muito difícil consertar."

As palavras podem ser diferentes, mas todas estão dizendo a mesma coisa: "Quando deixou de ser perfeito, eu parei".

Você perdeu um dia de sua dieta e decidiu que a coisa toda era bobagem.

Estava ocupado demais para escrever uma manhã e deixou seu livro inacabado, largado na prateleira.

Você perdeu um recibo e desistiu de fazer todo o orçamento do mês.

Não estou implicando com você por ceder ao perfeccionismo. Eu fiz isso muitas vezes também. Em fevereiro de um ano qualquer, corri 120 quilômetros. Depois, corri 114 em março e 118 em abril. Sabe quanto corri em maio? Treze quilômetros. E adivinhe o total de junho? Cinco.

Por quê? Porque, quando minha sequência perfeita de exercícios atingiu um obstáculo, eu parei.

Esta é a primeira mentira que o perfeccionismo nos conta sobre metas: desista se não for perfeito.

Essa primeira mentira é sutil. Não diz "quando" não for perfeito, porque isso indica a realidade de não ser. Não, o perfeccionismo nos diz "se" não for perfeito, como se tivéssemos a chance de correr para sempre e chegar ao túmulo com "100%" escrito na lápide.

Isso é preocupante para nós, porque não queremos B ou C quando temos um objetivo. Queremos só A, especialmente se for um objetivo que temos há mais tempo. De bom grado desistiremos de tudo quando descobrirmos um erro ou imperfeição em nosso desempenho. Mais que isso, somos capazes até de desistir antes de começar.

É por isso que muitas pessoas não se propõem novas metas nem começam a tentar atingi-las. Preferem tirar zero a cinco. Acreditam que perfeição é o único padrão e que, se for para não conseguir atingi-lo, melhor nem dar o primeiro passo. Uma sensação pesada de "de que adianta?" cai sobre elas como um denso nevoeiro, e pensam: "Não posso fracassar se não tentar".

Enquanto eu pesquisava para escrever este livro, fiz uma enquete *on-line* na qual perguntei a mil pessoas se já haviam se recusado a escrever uma ideia por não a considerar boa o bastante. Achava que, talvez, eu fosse o único que tinha um filtro de perfeccionismo que classificava as ideias antes que elas chegassem a um pedaço de papel, mas mais de 97% dos participantes disseram que já haviam feito isso.

Não sei como lhe dizer isso... mas seu objetivo não será perfeito. Meu coração dói, mas tenho de lhe dizer que você vai fracassar. Talvez muito; talvez logo de cara, já na linha de partida.

Mas tudo bem.

Por quê? Por que eu o encorajaria a aceitar a imperfeição? Bem, por um lado, fazer algo de uma maneira imperfeita não vai nos matar. Achamos que sim, e é por isso que comparamos nossa falta de progresso a um desastre de trem. "Não consegui voltar aos trilhos, meus planos descarrilaram." O descarrilamento de um trem é um acidente sério; em muitos casos, pessoas morrem, há centenas de milhares de dólares de prejuízo material, e consertar tudo leva dias, se não semanas.

Mas sabe o que não acontece quando você atrasa um dia para seu objetivo? Nada disso.

Ninguém morre. Não são necessários 400 mil dólares para voltar aos trilhos. E consertar tudo não leva quatro semanas.

Outro fator é que desenvolver tolerância à imperfeição é fundamental para transformar iniciadores crônicos em finalizadores consistentes. Iniciadores crônicos desistem no dia seguinte ao perfeito. De que adianta? A raia acabou, melhor chafurdar no erro. Comi porcaria no jantar ontem, poderia muito bem comer porcaria no café da manhã, no almoço e no jantar hoje também.

"Poderia muito bem" é uma das frases mais perigosas que há em português. Ou em polonês, já que, por algum motivo, meus livros tendem a ser traduzidos para esse idioma antes que para o espanhol. Estou arrasando na Cracóvia.

"Poderia muito bem" nunca é aplicado a coisas boas. Nunca é "poderia muito bem ajudar todos esses órfãos" ou "poderia plantar algo saudável nesta horta comunitária". Geralmente é a bandeira branca da rendição: "Comi uma única batata frita, poderia muito bem comer mil".

São esses tipos de coisas que dizemos no dia seguinte ao perfeito, e isso pega.

Sabe qual é o dia em que mais pessoas desistem do curso *30 Days of Hustle*? A maioria das pessoas chuta o 23º ou 15º, mas não chegam nem perto.

É no segundo dia que vejo a maior queda. Isso mesmo, o dia em que a maioria das pessoas deixa de abrir o *e-mail* com os exercícios é o segundo. Por que esse dia? Porque a imperfeição não demora a aparecer. Já se sentou à sua mesa em uma segunda-feira de manhã e pensou: "São nove horas da manhã, como já estou tão atrasado? Como consegui estragar a semana inteira?".

A imperfeição é rápida e, quando chega, normalmente desistimos.

É por isso que o dia depois do perfeito é tão importante.

É o dia decisivo para cada objetivo. É o dia depois de você matar uma aula na academia. É o dia depois daquele em que você não conseguiu acordar cedo. É o dia depois daquele em que você decidiu que uma caixa de bombons inteira corresponde a uma porção.

O dia seguinte ao perfeito é o que separa os finalizadores dos iniciadores.

Alcançar um objetivo não é como atravessar o país de trem; é mais como dirigir um carrinho de bate-bate. Alguns dias, conseguimos circular na pista sem bater em ninguém. Nada atravessa nosso caminho, e, por alguns breves momentos, o carrinho até parece rápido. Outros dias, alguma situação completamente imprevista e impossível de explicar bate em nossa lateral, e/ou ficamos presos em um amontoado de carrinhos, e parece que demos cinco passos para trás.

Isso vai acontecer.

Você não será perfeito, mas sabe o que é ainda mais importante que a perfeição? Sabe o que lhe servirá por muito mais tempo que o perfeccionismo?

Avançar imperfeitamente.

Rejeite a ideia de que o dia seguinte ao perfeito é sinal de que você fracassou.

Isso não é verdade.

Comece a tentar de novo.

Hoje, amanhã, semana que vem.

Infelizmente, o perfeccionismo morre devagar. Ele é persistente e muito perigoso porque se disfarça de excelência. Alguns leitores já devem estar se sentindo desconfortáveis com este capítulo porque acham que o oposto do perfeccionismo é o fracasso. Não é. O contrário é terminar aquilo que se começa.

Essas são as portas que encontramos neste livro e na vida. Uma tem escrito "Concluído" e leva a aventuras, oportunidades e incontáveis histórias. A outra tem escrito "Perfeccionismo" e leva a uma sólida parede de tijolos de frustração, vergonha e esperanças incompletas.

A pior parte de toda essa situação é começar a trabalhar por metas e nunca acabar. É terrível.

Quando fixa uma meta, você faz uma promessa, como, por exemplo, perder alguns quilos, arrumar o armário, começar um *blog*, ligar para um velho amigo. No momento em que cria esse objetivo, você fez uma promessa muda. Quando começa e não termina, quebra essa promessa. Mente para a pessoa com quem passa mais tempo: você.

Se quebrar muitas promessas, você começará a duvidar de si mesmo, e isso não é nenhuma surpresa. Se alguém marcasse de tomar um café com você uma dúzia de vezes e nunca aparecesse, você não confiaria nessa pessoa. Se seu pai prometesse ir buscá-lo depois do treino de futebol e não aparecesse, você perderia a fé nele. Se um chefe lhe prometesse uma promoção e não cumprisse a promessa mês após mês, você deixaria de acreditar nele.

Por que tantas pessoas desistem de suas resoluções de ano-novo? Porque desistiram no ano passado e no ano anterior e no anterior. Se você desiste muitas vezes, desistir não é mais só uma possibilidade quando começa um novo objetivo. É sua identidade, e isso é terrível.

As pessoas se lembram mais das metas incompletas que das concluídas. Essa incapacidade de deixar para lá, esse tormento que algo inacabado está provocando, não é só uma sensação. É um arranhão no disco, um buraco na estrada, um lembrete nunca esquecido de um circuito que você não fechou. É o que acontece com todos nós quando estabelecemos metas e depois as abandonamos pela vida.

Por outro lado, terminar algo de que gostamos é a melhor sensação do mundo. Começar algo nos provoca uma explosão momentânea de euforia, mas não é nada em comparação com chegar ao fim. Você terminou seus primeiros cinco quilômetros, não interessa em quanto tempo. Você conseguiu. Cruzou a linha de chegada, e todos os dias de treino valeram a pena. Seu diploma, o primeiro dinheiro ganho em um empreendimento próprio, o cartão de visita que diz "sócio" — pequena ou grande realização, o tamanho não importa. Você concluiu, e essa é uma sensação incrível.

O problema é que o perfeccionismo aumenta nossos erros e minimiza nosso progresso. Ele não acredita em sucesso crescente. Ele retrata nosso objetivo como um castelo de cartas. Se uma carta não estiver perfeitamente colocada, a coisa toda desmorona. O menor passo em falso significa que todo o objetivo foi por água abaixo.

O perfeccionismo também atrapalha por nos fazer mirar muito alto. Talvez existam mil razões para esses 92% de resoluções que fracassam, mas uma das maiores é também uma das mais enganosas.

Quando determinamos um objetivo, almejamos algo melhor. Queremos parecer melhor e nos sentir melhor. Queremos ser melhores. Mas, aí, melhor se transforma em melhor do mundo. Não queremos um crescimento pequeno; queremos sucesso maciço, e da noite para o dia.

Quem quer correr cinco quilômetros, se pode correr uma maratona? Quem quer escrever o esboço de um livro, se pode escrever uma trilogia com zumbis e lobisomens espaciais apaixonados? (Título: *Lua cheia, coração cheio*.) Quem quer ganhar 10 mil, se pode ganhar 100 mil?

Enquanto procurava exemplos reais, de pessoas de verdade, perguntei sobre perfeccionismo a amigos do Facebook. Uma pessoa disse o seguinte: "Começo com a crença de que posso fazer alguma coisa. Aí fico todo animado e começo a sonhar. No começo, eu me sinto confiante, sinto que sei o que estou fazendo. Então, meus sonhos ficam grandes, e quero a perfeição. E, de repente, eu me sinto inadequado para fazer a coisa, porque não sei como fazer nesse nível. Aí os sonhos morrem, e o objetivo fica esquecido. O pior é que, na maioria das vezes, tudo que mencionei acima é mental. Na verdade, nunca comecei nada".

Se sua tendência natural não é pensar dessa maneira, a maior parte da literatura "persiga seus sonhos, realize seus objetivos" o levará nessa direção.

Um colega escritor motivacional incentiva os leitores a visualizar "um filme de você fazendo perfeitamente aquilo que quer fazer melhor",[2] Atenção à palavra "perfeitamente". Continuando, ele diz que você deve assistir ao filme imaginário de si mesmo fazendo repetidamente algo com perfeição. A certa altura, você tem de entrar no filme para realmente ter a sensação de perfeição. E, depois de ver o filme, recebe a instrução de reduzir a imagem "para o tamanho de um biscoito".

A primeira vez que li essa instrução de transformar meu objetivo em um biscoito fictício perfeito, comecei a rir muito. Já até esperava aonde essa instrução ia chegar; e não deu outra.

---

[2] CANFIELD, Jack; HANSEN, Mark Victor; NEWMARK, Amy. **Canja de galinha para a alma.** São Paulo: HarperCollins Brasil, 2020.

"Agora, leve essa tela em miniatura à boca, mastigue-a e engula."

Se já se perguntou por que é difícil engolir conselhos motivacionais, consulte o biscoito dos sonhos que você deveria comer para atingir seus objetivos.

Quanto mais você tentar ser perfeito, menor será a probabilidade de atingir seus objetivos.

Sei que parece retrógrado, mas é o que dizem as pesquisas o tempo todo.

Quem dera isso fosse suficiente para acalmar esse demônio sempre presente, mas o perfeccionismo não é tão facilmente vencido. É muito mais persistente que isso. Ele se aprofunda em nosso inconsciente e não é removido com facilidade.

Em outras partes deste livro, retornaremos ao perfeccionismo como nosso supremo vilão.

O perfeccionismo fará o possível para nos derrubar quando trabalharmos por um objetivo. A cada passo, vai chutar nossas canelas, roubar o dinheiro de nosso almoço e pôr dúvidas em nossa cabeça.

Como eu sei disso? Porque é isso que ele faz comigo e com todos os meus conhecidos que tentam.

Mas tudo bem, porque sabemos uma coisa que a maioria das pessoas não sabe.

O primeiro dia não é o mais importante de uma meta.

O dia seguinte é perfeito, e agora estamos prontos para isso.

Será doloroso e incômodo às vezes, mas, se você aprender a suportar esse pequeno desconforto, conseguirá superar o dia depois do perfeito. Conseguirá manter a palavra que deu a você mesmo. E conseguirá terminar o que começar.

CAPÍTULO 2

CORTE SEU OBJETIVO PELA METADE

Quando eu era calouro na faculdade, queria entrar no time de futebol americano. Com meu mais de 1,70 metro, fazia todo o sentido. A natureza chama.

Decidi ser artilheiro. Comprei o suporte e a bola em uma loja de artigos esportivos e, tarde da noite, eu ia ao estádio de Birmingham, Alabama, e treinava meus chutes.

Eu já havia chutado para o gol alguma vez? Não. Já havia jogado futebol americano? Não. Consegui fazer algum gol durante meus treinos particulares à noite? Também não.

Então, por que eu achava que poderia ser artilheiro de um time universitário da Primeira Divisão que ocasionalmente jogava em escolas como Auburn?

Porque sou louco.

Esse foi um objetivo tolo.

Imagino que você não é tão temerário quanto eu, mas é provável que também costume exagerar um pouco em seus objetivos.

Todos nós superdimensionamos nossos objetivos no início, e o motivo é simples: perfeccionismo.

Em se tratando de metas, o perfeccionismo fala alto. A primeira coisa que diz é que você não vai conseguir fazer algo perfeito, portanto nem deveria começar. Muito melhor desistir agora do que perder todo esse tempo e fracassar.

O perfeccionismo apresenta uma lista de razões para nem começar. Você é velho demais, jovem demais, ocupado demais, tem muitos objetivos e não sabe em qual focar, não tem dinheiro ou apoio suficiente, alguém mais inteligente já fez exatamente a mesma coisa que você quer fazer...

Se você ignorar essa barreira inicial e começar algo, o perfeccionismo vai mudar completamente de tom; mas, por enquanto, ele diz que você tem de fazer tudo perfeitamente. É a única possibilidade aceitável.

O interessante nessa tática de "fazer com perfeição" é que ela parece lógica. Já que você vai fazer algo, não deveria ser incrível? Não deveria ser maravilhoso?

Se não for para fazer direito, nem faça!

Agora, esbarramos na segunda mentira do perfeccionismo: seu objetivo deve ser maior.

Essa parte é divertida, e, quanto maior o objetivo, maior a pressa inicial que temos de imaginá-lo. Mas hoje vou desafiar você a fazer o oposto. O que eu quero é que você corte seu objetivo pela metade.

Não estou lhe dizendo para fazer menos, mas fazer isso o ajudará a fazer mais.

Pense o seguinte: no início, quando nossa empolgação está nas alturas, achamos que nossa conquista também deve estar. Por isso, quem nunca correu 100 metros me diz que quer correr uma maratona. Então, eu pergunto gentilmente: "Você já correu uma meia maratona? Já correu cinco quilômetros? E um quilômetro? Já ganhou alguma medalhinha que seja?".

A resposta é sempre não. Mas, mesmo assim, a pessoa insiste em correr a maratona.

Você já se perguntou por que 92% das pessoas não atingem seus objetivos?

Porque tendemos a estabelecer metas otimistas demais.

Os cientistas chamam isso de "falácia do planejamento", um conceito estudado pela primeira vez por Daniel Kahneman e Amos Tversky.[1] Eles descreveram esse problema como "um fenômeno no qual as previsões sobre quanto tempo será necessário para concluir uma tarefa apresentam um viés de otimismo e subestimam o tempo necessário".

Vários estudos confirmaram que temos a propensão de ser vítimas da falácia do planejamento; um dos meus exemplos favoritos é o de uns alunos do último ano da faculdade que estavam desenvolvendo suas teses.

O psicólogo Roger Buehler[2] pediu aos alunos que predissessem quanto tempo levariam para terminar suas teses, na melhor e pior das hipóteses. Em média, os alunos calcularam que levariam 34 dias para terminar. Na realidade, levaram 56 dias, quase o dobro.

O interessante é que nem metade dos alunos terminou segundo a pior das hipóteses. Mesmo estimando que tudo que poderia dar errado desse, eles não calcularam corretamente.

---

[1] KAHNEMAN, Daniel. **Rápido e devagar**. São Paulo: Companhia das Letras, 2012.
[2] Obra não traduzida para a língua portuguesa. [BUEHLER, Roger; GRIFFIN, Dale; Ross, Michael. **Exploring the "Planning Fallacy"**: Why People Underestimate Their Task Completion Times, Journal of Personality and Social Psychology. 67, n. 3. Washington: American Psychological Association, 1994. p. 366-381.]

Em todas as maneiras de estabelecer metas, vemos a falácia do planejamento mostrar sua cara feia. Aos 23 anos, um amigo meu decidiu tentar algo grande. Nunca havia corrido em lugar nenhum, exceto na esteira ou no campo durante um jogo de futebol. Dava umas voltas na piscina uma ou duas vezes por mês e só pedalava em bicicleta ergométrica na academia. E o que foi que ele decidiu fazer? Participar do triatlo de San Antonio, Texas.

"Eu tinha oito meses para treinar; comecei a trabalhar no planejamento de meu treino. Já ia à academia todos os dias da semana, por isso achei que seria fácil passar mais tempo correndo/nadando/andando de bicicleta que levantando peso. Planejei tudo, já estava tudo pronto. E nunca mais fui à academia."

O incrível é que sua meta destruiu aquilo que ele já fazia. Antes de esse grande objetivo aparecer, ele ia regularmente à academia. Não só não participou do triatlo, como também largou tudo que já fazia. Isso mostra como pode ser destrutivo um objetivo mal dimensionado.

Isso vai contra todos os discursos motivacionais, mas, se sonhar muito alto no início, você vai comprometer o final.

É o que os dados mostram.

No nono dia de meu programa *30 Days of Hustle*, pedi aos participantes que reduzissem suas metas pela metade, exatamente como estou pedindo a vocês. Minha teoria era que as pessoas, especialmente iniciadores crônicos como você e eu, superestimam o que podem realizar em determinado período de tempo. E, quando não conseguem atingir a meta, desanimam, o que resulta em desistência e abandono.

Por exemplo, se seu objetivo era perder 8 quilos e você perdeu 5 quilos, seu fracasso foi só de 3 quilos. A maioria das pessoas acredita no velho ditado que diz: "Mire na lua.

Mesmo se errar, vai acertar as estrelas". Mas não é assim que a vida funciona. A mentalidade tudo ou nada do perfeccionismo diz que perto não conta, que acertar as estrelas não adianta.

Agora, você tem um oceano de incentivos para desistir de seu objetivo. Mas, se o reduzisse à metade — 4 quilos — e perdesse 5 quilos, seria muito mais provável que continuasse, por causa da vitória inicial. Você teria perdido a mesma quantidade de peso, mas essa outra abordagem praticamente garantiria que continuasse até atingir seu objetivo inicial e estabelecesse outro.

"Corte sua meta pela metade" não é o tipo de coisa que você veria pintada na parede de uma academia. Parece trapaça, mas funciona.

Quando meu pesquisador me mandou o relatório sobre *30 Days of Hustle*, um resultado se destacou: aqueles que reduziram a meta pela metade aumentaram seu desempenho em relação a desafios semelhantes anteriores em mais de 63%, em média.

Além disso, 90% das pessoas que reduziram a meta pela metade disseram que tinham um desejo maior de trabalhar para atingi-la; isso as encorajava a continuar e as motivava a trabalhar mais, porque a meta parecia alcançável.

Isso significa que as pessoas que pegaram esse atalho terminaram o que começaram.

Mas não acredite em minha palavra. Veja aqui declarações de pessoas como você que tentaram essa abordagem.

> Eu escrevia 30 *posts* por dia, de mais de 300 palavras, em meu *blog*. Cortei minha meta pela metade para escrever *posts* com mais de 100 palavras por dia e me saí muito bem. Em 28 dos 30 dias, escrevi *posts* com mais de 300 palavras e, nos outros dois, com mais de 100. O objetivo era escrever, e eu escrevi!

TERMINE

Sempre dou o passo maior que a perna. Foi muito bom você pedir para cortar o objetivo pela metade. Eu tive de "reorganizar" meu objetivo umas quatro vezes, porque estava demandando um tempo que eu não tinha. Assim, embora eu não tenha atingido meu objetivo original, estou mais perto do que há um mês. Estou começando a fase seguinte de minha meta e agora sinto que tenho as ferramentas necessárias.

Perdi quase 3 quilos! Esperava perder 5 quilos, mas, desde que cortei minha meta pela metade, eu a alcancei e superei! Estou pronto para mais 30 dias!

Viu o que aconteceu em cada um desses casos? Eles reduziram seus objetivos pela metade e se saíram muito bem; e o mais importante é que estão loucos para fazer de novo. Essa é a chave. A maioria das pessoas talvez pense que essa abordagem é fraca, mas as rígidas, que nos forçam a exagerar, esquecem de levar em conta a importância do "ritmo".

Atingir objetivos é como uma maratona, não uma corrida de velocidade. Sei que se eu conseguir que você faça um pouco em um mês e seja bem-sucedido, mais provável será que faça um pouco mais no mês seguinte e se saia ainda melhor. No decorrer de um ano ou, talvez, até de uma vida inteira, essa abordagem sempre vencerá aquela de se matar durante um mês, porque esta tende a terminar de duas maneiras: você não atinge seu objetivo e desiste, ou atinge seu objetivo e está tão exausto que não quer mais saber.

Não. Para mim, o melhor sinal de que minha abordagem funciona é o que disse a última pessoa das declarações anteriores: "Estou pronto para mais 30 dias!".

E se eu não puder cortar pela metade?

E se você tiver de pagar 50 mil em dívidas de cartão de crédito? E se esse for seu objetivo e, só de pensar em cortar esse número pela metade e pagar só 25 mil, você passa mal?

É difícil cortar certas metas pela metade. Nesses casos, não as corte ao meio: dê a você mais tempo. Se você dobrasse o tempo que levaria para pagar a dívida, qual seria a pior coisa que aconteceria? Pagaria um pouco mais de juros, mas poderia pagar a dívida toda. Lembre-se: o objetivo é não desistir. As opções de que estamos falando agora não são: 1) terminar perfeitamente, ou 2) cortar a meta pela metade. Não são essas as escolhas que estamos discutindo. São: 1) abandonar o objetivo porque era muito grande, ou 2) cortá-lo ao meio e cumpri-lo.

Estou tentando manter você fora dos 92% que fracassam.

Se, para isso, você precisar aumentar o prazo para a realização de sua meta, aumente.

Essas duas abordagens — cortar a meta pela metade ou aumentar o prazo — podem ser aplicadas à maioria dos casos.

Obviamente, se seu objetivo é tomar remédios ou algo que salva vidas, não corte isso pela metade. Ou, se for não socar a cara de seus colegas de trabalho, não comece a socar só metade deles. Se estiver treinando para uma corrida e tiver uma programação de treino muito estrita, respeite-a. Cortar a meta não se aplica a este caso porque, se sua programação de treino foi criada por um especialista, isso já impede que seu objetivo seja grande demais.

Como cortar ao meio afeta as metas no trabalho?

Se seu chefe lhe atribuiu algumas metas no trabalho, pode ser que não seja possível cortá-las pela metade. Não é realista pensar que você tem o poder de simplesmente cortar todas as suas metas anuais pela metade. Concordo. Mas, quando se trata de metas corporativas sobre as quais você não tem controle, pesquisas que sugerem que metas reduzidas têm melhor desempenho no longo prazo podem lhe servir de munição para que sejam definidas melhor da próxima vez.

Certa vez, trabalhei em uma empresa que levou vinte anos para atingir uma receita anual de 5 milhões com um ótimo produto. Certo ano, a CEO decidiu que a nova meta da empresa era ganhar mais 5 milhões em cinco anos com um produto novo e ainda não testado. Na sala de reuniões, todos sorriram quando ela anunciou essa nova iniciativa agressiva; mas, normalmente, é no local do cafezinho dos funcionários que se sabe a verdade sobre uma empresa.

Todos sabiam que era impossível; não só fora de alcance, mas irresponsavelmente excessiva. Exigiria recursos, abandono de objetivos factíveis e, no fim, seria um fracasso. Foi exatamente isso que aconteceu. Após um ano frustrante, a meta foi ajustada, alterada e, um dia, abandonada.

Poucas coisas desanimam mais os funcionários que um líder que não escolhe a meta certa. Se acha desagradável quebrar uma promessa que fez a você mesmo, imagine multiplicar esse desânimo por cem ou mil funcionários.

Como você aplica a regra do corte de 50% às metas de trabalho? Tendo o cuidado de que sejam do tamanho certo desde o início. Mas como se faz isso? É disso que trata o resto deste livro, mas o capítulo 7, em particular, é importante para as metas de trabalho. Usar dados do passado ajuda a planejar metas futuras. O resultado em ambientes corporativos é que, mesmo que você não consiga cortar uma meta pela metade, pode ajudar a moderar o perigoso otimismo e a falácia do planejamento em sua empresa.

Quase nunca é agora ou nunca

Para lutar contra um inimigo, existem duas abordagens: defesa e ataque. Defesa é bolar um plano para quando você for atacado. Ataque é atacar primeiro.

No capítulo anterior, partimos para a defesa e nos preparamos para o inevitável dia depois do perfeito. Sabíamos o que ia acontecer e queríamos estar prontos. Neste capítulo, partimos para o ataque e decidimos cortar nosso objetivo pela metade logo de cara.

Mas, se você ainda não quiser, vou lhe propor um exercício simples. Pergunte-se: "Qual é a pior coisa que pode acontecer?".

Vamos fingir que você cortou sua meta pela metade e, em vez de limpar a casa inteira, limpou apenas dois cômodos. Há anos que você odeia ver sua casa bagunçada, e a ideia de limpar apenas dois cômodos não lhe parece suficiente.

O interessante acerca deste momento é que o perfeccionismo vai dizer que você pode fazer isso bem depressa. Viu quantas vezes ele muda de tática, dependendo da situação? Lembre-se: no início de um objetivo, ele diz que você não vai conseguir. Agora, ele diz para você fazer a coisa perfeita e rapidamente.

E se você dobrasse o prazo, em vez de cortar a meta pela metade? Se você vive em uma casa bagunçada há cinco anos, por que seria tão ruim dar a você mesmo mais um mês para limpá-la? Esperou 60 meses para fazer alguma coisa e, agora, tem de fazer tudo em um mês?

O perfeccionismo lhe dirá que é agora ou nunca, sempre obcecado, pensando que, se você não terminar agora, não terminará nunca. A maioria das resoluções de ano-novo são, na verdade, resoluções de janeiro. Ficamos tão desesperados para ter um mês incrível que nos exaurimos nas primeiras três semanas do ano e não chegamos a fevereiro. Isso é só o perfeccionismo tentando dominar nosso prazo.

Pois bem, qual é o pior que poderia acontecer se você cortasse sua meta pela metade ou se desse mais tempo? Já sabemos qual é o melhor: você melhoraria suas chances de sucesso em 63%. Mas o mundo desmoronaria se você fizesse menos ou demorasse mais?

Essa ideia, definitivamente, vai contra toda a sabedoria sobre definição de metas que você já ouviu. Eu sei disso, mas lembre-se: estamos tentando fazer duas coisas: 1) chegar ao fim e 2) vencer o perfeccionismo.

E o perfeccionismo odeia este capítulo. Cortar seu objetivo pela metade é kryptonita para ele. Não faz absolutamente nenhum sentido e joga um clarão de luz sobre as trevas das intenções dele. Assim, você não está apenas se recusando a ceder ao perfeccionismo; está se preparando para o sucesso antes mesmo de começar.

Sei que é estranho e que você nunca fez isso.

Mas, a menos que queira os mesmos resultados antigos, terá de fazer algumas coisas novas.

Comece cortando seu objetivo pela metade.

Ações

1. Pense em outros objetivos que você tentou realizar. Eram muito grandes? Anote o que aconteceu.
2. Anote um número associado a seu objetivo (é difícil cortar um sentimento pela metade). Vai ler dez livros?

Desentulhar quatro quartos? Perder 20 quilos? Ganhar 5 mil dólares?

3. Defina se você pode cortar seu objetivo pela metade ou aumentar o prazo para realizá-lo.
4. Fale sobre seu objetivo com alguém em quem você confia e pergunte se ele acha que é muito extremo.
5. Se não se sentir à vontade para cortar sua meta pela metade, dedique alguns minutos a responder à pergunta: "Qual é a pior coisa que pode acontecer?".

CAPÍTULO 3

ESCOLHA SUAS BATALHAS

"Que bom, poderei demonstrar toda nossa gama de recursos em seu gramado."

Esse é o jargão que diz: "Você tem o pior gramado do mundo", e foi o que me disseram quando morávamos em Atlanta.

De longe, nosso gramado parecia verde. De perto, porém, dava para ver que, se eu retirasse todas as ervas daninhas, ficaria com um pedaço de terreno de argila vermelha da Geórgia. A proporção entre ervas daninhas e grama era de 10 para 1; o profissional sorria diante do abandono do meu gramado.

Ele sabia que poderia nos vender uma dúzia de serviços com nomes mais químicos que "biscoitos Hydrox". Poderia até encontrar uma nova espécie de mato e daria seu nome a ele, como se fosse um botânico. Eu não tinha um jardim, tinha um laboratório de ervas daninhas.

Acho que os maridos se envergonham diante de uma situação como essa. Já é ruim o suficiente quando um faz-tudo vem à nossa casa e conversa com minha esposa, Jenny, visto que ela é formada em gestão de obras, ao passo que eu tenho dedos de escritor: delicados e sem calos. Uma vez, eu joguei o pneu furado de meu carro montanha abaixo porque estava furioso com o estado da Carolina do Norte. Com a roda junto. Eu não sabia que a roda não se joga fora; qualquer escoteiro deve saber disso. Isso tudo é ruim, mas o jardim é o pior. É o reflexo de nossa masculinidade; os homens falam do jardim em volta da churrasqueira com os vizinhos.

"Colocou grama nova? Ficou ótimo, Mitch. O que você disse? Desculpe-me, não consigo ouvir com esta motosserra a gás que ligo o tempo todo caso precise cortar lenha de improviso. De 'improviso' não; é francês demais para mim."

Não me incomodava que meu jardim fosse como uma selva que o dr. Livingstone poderia desbravar. Poderia até pegar fogo que eu não dava a mínima.

Por quê?

Porque eu tinha dois filhos pequenos na época.

Ter filhos é viver em crise. Uma crise legal, mas, ainda assim, crise. Ninguém nos conta isso porque todo mundo quer que tenhamos filhos também, para que a espécie sobreviva. E, quando estamos no meio da situação, não percebemos isso. Nosso único objetivo é chegar rastejando à cama o mais cedo possível e sobreviver para mais um dia. "Pai, ainda tem sol; estou ouvindo as outras crianças brincando." "Não interessa! É hora de dormir."

Crianças mais velhas não são necessariamente mais fáceis. Minha filha de 11 anos me disse, certa noite, que, quando eu morrer, ela vai viver de minha poupança de morto. "Está se referindo ao seguro de vida?", perguntei. "Que seja", respondeu ela. Pelo menos, dá para argumentar com uma criança dessa idade.

Crianças pequenas são incansáveis. Já fez seu bebê colocar a mão no forno? Não? Só eu? Brincadeira! O jardim é nossa menor preocupação. Quem tem tempo para descobrir qual é o padrão de irrigação de que a grama bermuda gosta? E a festuca? Ficamos em alerta máximo, tentando aplacar a fúria da criança depois de um chilique ou provocando um porque as iscas de frango estavam no formato errado. Ontem estavam no formato certo, o único aceitável, mas hoje estão mais compridas, e isso é motivo de pânico. Então, você se vê enfiando a mão até o cotovelo no saco de iscas de frango — detalhe: você sempre condenou os outros pais que davam isso para seus filhos comerem —, procurando a isca mágica de frango que acabará com essa luta.

A grama não tem a menor importância.

Ela pode esperar. Quando não tiver mais crianças em volta, você terá tempo para coisas como seu jardim e calças que não sejam de moletom; mas, por enquanto, é melhor escolher suas batalhas.

A única maneira de atingir um novo objetivo é alimentando-o com seu recurso mais valioso: o tempo. E o que nunca gostamos de admitir é que, para dar tempo a algo, temos de tirá-lo de outra coisa. Para ser bom em uma coisa, temos de ser ruins em outra.

A terceira mentira do perfeccionismo é que damos conta de tudo. Estou aqui para lhe dizer que isso não é verdade.

No fundo, você sabe disso, mas uma parte sua, movida pela vergonha, pensa que, com um aplicativo ou dois, pode fazer tudo. É por isso que iniciadores crônicos estão sempre lendo livros sobre gestão do tempo, pensando que, talvez, se dividirem o dia de um jeito um pouco diferente ou se ouvirem um audiolivro na esteira enquanto passam fio dental, conseguirão fazer tudo.

Estou aqui hoje para dizer que você não pode dar conta de tudo. Esqueça isso. Eu diria até mesmo que você não consegue nem fazer a maior parte.

Soque umas almofadas, se precisar, mas, quando terminar de chorar pelo mito de que tudo é possível, volte, para que sejamos práticos.

Você só tem duas opções agora:

1. Tentar mais do que é humanamente possível e fracassar.
2. Escolher suas batalhas e ser bem-sucedido em um objetivo importante.

O perfeccionismo diz para escolher a primeira opção, mas, neste capítulo, você aprenderá a escolher a segunda.

No começo, será desconfortável. O vizinho que fuma na calçada de sua casa porque a esposa dele não o deixa fumar vai balançar a cabeça, todo acusador, olhando para o seu gramado.

A menos que você tenha alguém que cuide de suas roupas, sua cadeira de roupas limpas vai se transformar na Montanha Encantada enquanto você se dedica a seu objetivo. Seus filhos vão ter de encontrar os pares de meias no meio dessa bagunça.

Mas tudo bem. Em momentos como esses, você tem escolha.

Pode escolher vergonha ou estratégia.

Diga não à vergonha

É mais do que provável que você tenha passado a maior parte da vida escolhendo fazer mais do que era possível e se martirizando por não conseguir.

"Eu deveria dar conta de tudo. Sim, acrescentei mais um objetivo importante à minha vida. Sim, quero inserir mais uma tarefa diária em um calendário já lotado e preciso dar conta de tudo. Sim, eu me mudei para Atlanta para cuidar de meu sogro doente, mas tenho de continuar como se nada houvesse mudado."

Nossas tentativas de fazer demais parecem nobres e honrosas. Trabalhamos incansavelmente para a exaustão, reduzindo a qualidade de tudo, porque insistimos que damos conta. E até compartilhamos essa abordagem no Instagram, com orgulho. Isso é ralar. Isso é agitar.

Muitas vezes, fazemos isso porque desenvolvemos algum mau hábito que aprendemos na escola. Por exemplo, virávamos a noite para fazer um trabalho de dez páginas sobre os efeitos das restrições comerciais durante a Guerra Civil. Mas é um pouco mais difícil fazer tudo em uma noite quando se trata de metas de vendas trimestrais ou perda de peso. Não é uma boa ideia comer uma semana de couve em uma única noite para tentar recuperar o atraso na dieta.

Em algum momento, surgem as consequências. Você perde um voo, e todo o seu frágil sistema desmorona. Um treino de futebol atrasa, e seu plano vai por água abaixo. Uma reunião demora muito e atrasa todo o seu dia. Uma família de marmotas gordinhas se muda para o seu quintal porque a altura da grama lhes propicia um bom esconderijo dos búteos-de-cauda-vermelha.

Algo dá errado, e, nesse momento, você se sente envergonhado. Nessas situações, normalmente não somos benevolentes para conosco; pelo contrário, continuamos rígidos, e a maioria das pessoas desiste ali mesmo. Não só daquele detalhe a mais que mostrou ser demais; desiste do objetivo inteiro.

Essa é a parte terrível de tentar demais. Você não larga só o excessivo e prossegue com seu objetivo; deixa cair todas as bolas do malabarismo quando uma fica fora de sincronia, como nosso aspirante a atleta de triatlo do capítulo anterior.

Quando você não dá conta de tudo, fica envergonhado e desiste.

Ou define uma estratégia e escolhe suas batalhas com antecedência.

Quando escolhe com antecedência, você neutraliza o aguilhão da vergonha. Desaparecerá o efeito surpresa quando ela apontar algo em que você não é bom. Em vez de reagir com choque quando deixar cair uma bola, você dirá: "Ah, eu tirei essa bola do jogo antes mesmo de começar!".

É por isso que Shonda Rhimes, a criadora de séries de sucesso como *Grey's Anatomy* e *Scandal*, não se preocupa com o que não pode fazer. Quando a Fast Company lhe perguntou do que não estava dando conta de fazer, ela disse: "Neste momento, não me sinto culpada por não estar malhando. Vou deixar isso para outra hora".[1] Quando ela está no meio de uma produção, o exercício físico cai temporariamente no esquecimento.

Shonda disse não à vergonha e pôde fazer isso porque tinha uma estratégia. Havia escolhido suas batalhas, e o perfeccionismo não pôde mais atormentá-la por faltar à academia.

Tudo bem não saber nada de *Breaking Bad*

A maioria dos livros como este enfatiza sua capacidade de fazer mais, não sua necessidade de identificar coisas que não pode fazer. Mas acrescentar coisas à sua vida já cheia não faz você se sentir melhor, só mais estressado. Para evitar a armadilha da vergonha, você precisa decidir com antecedência em quais atividades da vida pode não ser bom.

---

[1] Artigo não traduzido para a língua portuguesa. [McCorvey, J. J. Shonda Rhimes' Rules of Work: Come into My Office with a Solution, Not a Problem. **Fast Company**, 2016. Disponível em: www.fastcompany.com/3065423/shonda-rhimes/]

No livro *Two Awesome Hours*,[2] Josh Davis chama isso de incompetência estratégica, que é o ato de decidir antecipadamente que você não dá a mínima para seu gramado. É admitir que não tem tempo para fazer tudo, e que algo vai consequentemente ficar para depois nessa fase de sua vida.

Quando comecei a trabalhar nos meus objetivos de maneira mais agressiva, escolhi quatro batalhas para deixar para lá:

1. Acompanhar programas de TV

   Eu não assisti a *Breaking Bad*, *Stranger Things* nem *The Walking Dead*. Foram 62 episódios de *Breaking Bad*, representando 42 minutos de conteúdo cada. Isso dá o total de 2.604 minutos, ou 43 horas. São 96 episódios de 30 minutos que você poderia ter dedicado a um objetivo. Meu amigo me disse que assiste a toda a temporada anterior de uma série antes de começar a nova temporada. Cada nova temporada de 20 episódios representa 40 episódios para assistir. Não sou contra TV e amo *This Is Us* porque gosto de chorar, mas não consigo acompanhar séries e cuidar de meus objetivos. Por isso, nos jantares, quando as pessoas contam detalhes sobre séries conhecidas, eu faço papel de idiota e comento sobre *Seinfeld*. Isso é errado? Eu não deveria fazer isso? Pois confessar minha ignorância sobre essa coisa toda não me incomoda. Decidi que se dane a TV.

---

[2] Obra não traduzida para a língua portuguesa. [DAVIS, Josh. **Two Awesome Hours:** Science-based strategies to harness your best time and get your most important work done. Nova York: HarperOne, 2015.]

2. Snapchat

Talvez, quando este livro for lançado, eu já seja um *expert* no Snapchat e saiba aplicar habilmente orelhas de cachorrinho em fotos minhas almoçando, mas duvido. Tenho amigos que ficam tentando me convencer, mas, quando pergunto por que, a única resposta é: "Porque todo mundo usa". Essa é a mesma lógica que vendeu 50 milhões de álbuns da Nickelback. As pessoas que postam 20 vezes por dia enganam a si mesmas quando fingem que conseguem manter uma linha de pensamento sendo interrompidas constantemente para mostrar aos outros o que estão pensando. As mídias sociais não são de graça; sempre nos custam alguma coisa. Portanto, o Snapchat é uma batalha que eu não escolhi.

3. *E-mail*

Eu praticamente abandonei os *e-mails* há um ano. Percebi que a principal razão de eu ficar checando o tempo todo era porque sou impulsivo e as mensagens me faziam sentir importante. Imaginava muitas emergências em minha caixa de entrada, mas não eram muitas. Agora, eu olho meus *e-mails* algumas vezes por semana, e meu assistente responde a muitos deles. As pessoas gostariam mais se eu respondesse instantaneamente, se eu vivesse e respirasse *e-mails*? Talvez, mas, para ser um melhor gestor de meus negócios e um escritor melhor, decidi ser péssimo com *e-mails*.

4. A satisfação de cuidar de meu gramado

Começamos com meu gramado e vamos terminar com ele. Muitas pessoas sentem uma grande satisfação ao cortar a grama. Se seu trabalho exige que você fique na frente do computador o dia todo, deve ser bom ver seu esforço resultar em algo físico. O meu não. Assim que eu pude pagar para alguém cuidar de meu jardim duas vezes por mês, deixei de fazer qualquer outra coisa em meu gramado além de dançar *break*. (O quê? Você dança dentro da garagem? Tudo bem.) Eu prefiro fazer outra coisa com essas quatro horas a cada fim de semana. Decidi não me preocupar com os cuidados de meu jardim.

Incompetência estratégica, para mim, significou deixar essas quatro coisas de lado. Isso vai mudar com o tempo? Pode ser. Eu posso arrasar no Snapchat no futuro. Mas, por enquanto, para poder me aprofundar nas coisas que eram mais importantes, tive de escolher abandonar algumas menos importantes.

Em alguns casos, escolher ignorar algo nos força a criar um sistema. A maioria das pessoas, incluindo eu, não consegue abandonar totalmente o *e-mail*. É muito importante e representa uma das formas mais comuns de comunicação entre as pessoas.

Para não ficar preso a ele, tive de criar uma estratégia. Analisei os *e-mails* que recebia todos os dias e logo percebi que somente 10% deles precisavam de uma resposta pessoal. Descobri que, em determinada semana, só alguns *e-mails* exigiam uma resposta entre 24 e 48 horas. Tive de reconhecer que não tinha força para ignorar o ícone do *e-mail* em meu celular; meu polegar ia lá naturalmente e o abria sem que eu nem pensasse. Tive de esconder o ícone na terceira página do celular, dentro de uma pasta.

Aquilo que você escolhe deixar para lá não precisa ser grande coisa nem permanente. Quando eu estava começando a escrever meu primeiro livro, minha esposa apontou que o único tempo livre que eu tinha era às segundas-feiras. Havia uma janela de duas horas entre o trabalho e uma reunião noturna que eu tinha semanalmente. Ela disse: "Eu ponho as crianças para dormir, e aí você escreve nessas duas horas". Eu não vi meus filhos às segundas-feiras durante 12 semanas enquanto escrevia o livro. Como pai, isso não foi fácil, mas eu sabia que era temporário e que resultaria em um livro concluído.

Estou dizendo para você ignorar sua família? Sim, é exatamente isso que estou sugerindo, porque sou um monstro. Não, estou só lhe oferecendo um exemplo real do que é preciso para terminar as coisas e explicando por que eu passava duas horas, toda segunda-feira, escrevendo um livro dentro de um Burger King.

Que batalhas você deve escolher? Em última análise, depende do que estiver tentando realizar, mas há uma maneira rápida de escolher algumas coisas. Façamos uma analogia com um semáforo. Algumas atividades correspondem ao verde, pois nos empurram para a frente e facilitam o alcance do objetivo. Por exemplo, fazer almoço para a semana inteira leva tempo, mas ajuda você a atingir sua meta de saúde. Outras atividades correspondem ao vermelho, pois o impedem de progredir e o atrasam. Sair tarde da noite com os amigos é divertido, mas você vai ficar tentado a comer porcaria, portanto retardaria seu plano de emagrecimento. Pense em seu dia durante alguns minutos e rotule as atividades a que dedica seu tempo. Isso é mais fácil do que você pensa. Colocar lascas de madeira nos canteiros do jardim da frente deixa minha casa mais bonita, mas, se meu objetivo é acabar de fazer a declaração de imposto de renda, não há dúvida de que cor atribuir à primeira atividade. Garanto que você ficará surpreso com a facilidade de classificação.

Se você não consegue pensar em uma batalha para abandonar, vou dar uma dica: mídias sociais.

Sei que você acha que, se não postar direto no Instagram, as pessoas vão notar, mas garanto que não. Uma vez, tirei dez dias de folga do Twitter, e zero dos meus 290 mil seguidores notou.

É por isso que as pessoas geralmente desativam a conta do Facebook durante a semana de provas finais ou de grandes projetos. É uma coisa a menos com que se preocupar durante uma época agitada. Não é para sempre, e, no longo prazo, seu empenho é mais importante.

Se escapar um tempo das mídias sociais lhe parece intimidante, lembre-se: você já fez isso durante um ano inteiro. Chamava-se 1997.

Diga não

Uma coisa é parar de assistir à TV. Outra é deixar de passar tempo com os amigos. "Não posso sair na sexta-feira", "não, não posso ir à sua festa", "não posso fazer esse favor" não são palavras que nós, perfeccionistas, gostamos de dizer. Queremos ser os melhores amigos do mundo, fazer que todas as pessoas nos achem maravilhosos, e achamos que isso significa passar tanto tempo com cada amigo quanto ele gostaria.

Mas, pensando bem, isso é ridículo.

Eu sei que no outono, quando a temporada de palestras começa, não consigo ver meus amigos nos fins de semana. Eu viajo segunda e terça e, depois, quinta e sexta. Isso significa que os fins de semana pertencem à minha família. Posso almoçar com um amigo na quarta-feira, mas não posso ir a um *show* com eles no sábado. Durante sete semanas do outono, eu deixo um pouco de lado minhas amizades.

Depois de sete anos dando aula para um grupo de mulheres em nossa pequena cidade, Franklin, no Tennessee, minha esposa teve de parar para estudar. Ela sabia que o outono seria agitado, por isso abandonou o papel de instrutora, que era muito mais demandante. Para você, treinar de manhã cedo para uma corrida pode significar menos noites com os amigos. Abrir uma empresa de fotografia pode significar mais fins de semana fotografando casamentos em vez de estar com os amigos.

Alguns momentos nos fazem ter de determinar como lidar com os relacionamentos, mas todos eles exigem uma coisa. A maneira mais fácil de lidar com pessoas nessas situações é dizer a palavra mais poderosa do mundo: não.

Se você gosta de agradar às pessoas, deve estar passando mal com o que eu disse. Imagino que você nunca diz não a ninguém; sua resposta deve ser sempre sim. Entretanto, sim não é um ponto final, mas reticências, pois deixa espaço para novas oportunidades, novos amigos. Ah, que coisa boa!

Concordo, e neste livro vou incentivá-lo a compartilhar sua realização com um ou dois amigos próximos; mas, se quiser realmente concluir alguma coisa, provavelmente terá de deixar alguns relacionamentos em pausa.

Diga não, sem nenhuma explicação longa, sem desculpas, sem justificativa. Não.

E lembre-se: se alguém ficar bravo por você dizer não, isso simplesmente confirmará que deveria ter dito antes.

Se não dá para parar, simplifique

Se dizer não diretamente deixa você pouco à vontade, ou se não for possível interromper uma atividade, simplifique-a.

Um dos maiores problemas para Lisa Scheffler, uma mãe muito atarefada e apaixonada por estabelecer metas, são as atividades domésticas. Cozinhar e lavar a roupa da família toma muito tempo, mas são coisas que ela não pode cortar. Ela não pode focar um objetivo e dizer: "Crianças, esta semana não haverá jantar; boa sorte. E não se esqueçam: a maioria dos *hipsters* tem lindos jardins cheios de superalimentos".

Em vez disso, ela faz "refeições simples que não tomam muito tempo". E "a roupa fica limpa, mas não dobrada nem guardada; usamos roupas amassadas de vez em quando".

Adorei essa ideia. Já imagino os filhos dela de uniforme amassado na escola e uma professora perguntando: "No que sua mãe está trabalhando esta semana?". E as crianças sabem que é uma semana puxada quando veem cachorro-quente na mesa — ou, melhor ainda, enroladinhos de *pizza*.

Felizmente, o mundo adora nos ajudar a simplificar. Continuando com o exemplo da comida, como a maioria das pessoas tem de comer, hoje em dia é muito fácil comprar pela internet e retirar nas lojas. Setenta e cinco por cento do que minha esposa compra a cada vez são as mesmas coisas. Durante uma época mais estressante, ela pode fazer o pedido no conforto de casa, ir até a mercearia, estacionar, e eles colocam as compras no porta-malas sem que ela tenha que sair do carro.

A vida é muito complicada, e não dá para dizer não a tudo. Não é realista pensar o contrário.

Para situações em que não exista essa opção, faça uma "lista simplificada" e identifique os momentos em que sair com a roupa amassada não vai incomodar você.

Algumas refeições podem ser simples.

Algumas coisas podem esperar.

A diversão começa agora

Depois que você supera a culpa inicial por não conseguir fazer tudo, escolher suas batalhas é meio divertido. O estresse do perfeccionismo dá lugar ao riso quando você faz uma lista de coisas das quais não vai mais se envergonhar.

Lembro-me de que minha esposa ficou muito feliz quando saiu de minha empresa. Nos primeiros dois anos, Jenny foi discretamente assumindo o papel de assistente e agente de viagens. Se você acha que isso é uma receita para o desastre conjugal, tem razão.

Finalmente, após a milésima discussão relacionada ao trabalho, ela disse: "Dane-se, arranje um assistente. Não posso ser uma boa esposa e uma boa funcionária". Ela escolheu largar o emprego para poder curtir o casamento. E contratar um assistente também era muito mais barato que pagar terapia de casal.

Essa foi uma decisão divertida para Jenny, e as que você fizer também serão. Mas não tanto quanto o que vamos fazer no próximo capítulo. Nem de longe.

Ações

1. Faça uma lista com três coisas que você poderia abandonar durante a consecução de seu objetivo. Use a abordagem do semáforo.
2. Para coisas que você não pode deixar de fazer, procure uma maneira de simplificá-las.
3. Anote, em um lugar secreto que ninguém veja, três relacionamentos que talvez você precise pausar para concluir seu objetivo.

CAPÍTULO 4

PARA ACABAR AS COISAS, FAÇA QUE SEJAM DIVERTIDAS

Divirta-se.

É isso, uma instrução clara. Tenha certeza de que seu objetivo seja divertido, de curti-lo, de que haverá risadas e sorrisos naquilo que você vai fazer.

Por que eu tenho de escrever este capítulo?

Por que alguém escolheria uma meta de que não gostasse? Por que alguém escolheria algo chato, doloroso ou frustrante como resolução de ano-novo?

Porque o perfeccionismo é sorrateiro. Ele acredita que quanto mais difícil, quanto mais sofrido for algo, melhor será.

A quarta mentira do perfeccionismo é: diversão não conta.

Você vê essa mentira se manifestar muito claramente nas duas áreas mais populares de metas: negócios e saúde.

As pessoas querem abrir uma empresa, pôr as finanças em ordem ou encontrar mais satisfação no trabalho. Também querem comer melhor, ficar em forma e se sentir bem com o corpo que têm.

Então, decidem estabelecer um objetivo, que geralmente é assim:

"Quero ficar em forma, portanto tenho de correr".

Começam a correr na rua antes do trabalho ou na esteira depois. Vai tudo bem por uma ou duas semanas, mas, um dia, assim como 92% das pessoas que iniciam metas, desistem.

Por quê?

Porque não se fizeram uma pergunta muito simples:

"Eu gosto de correr?".

A diversão é inimiga mortal do perfeccionismo. Qual é o sentido da alegria? Qual é o valor da diversão? Não há retorno sobre o investimento que se possa mensurar na diversão, e não parece útil. Por isso, nunca nos perguntamos: "Fazer X será divertido?".

Nunca fazemos essa pergunta, assumindo que, se não gostamos de fazer algo, a culpa é nossa. Mesmo odiando fazer exercícios todas as manhãs, vamos à academia de cara feia.

Perfeccionismo e diversão são como óleo e água, não se misturam. O perfeccionismo acha que diversão é perda de tempo e não tem valor. Infelizmente, a maioria das pessoas pensa assim.

Diversão é importante

Há duas razões de estabelecermos objetivos de que não gostamos:

1. Achamos que as metas têm de exigir sofrimento.
2. Acreditamos no perfeccionismo quando diz que objetivos divertidos não contam.

Pergunte às pessoas o que elas pensam quando ouvem a palavra "objetivo".

Elas dirão: "Disciplina, dor, esforço, frustração" e outras palavras horríveis. Achamos que para um objetivo ser certo e verdadeiro, também tem de ser difícil. Deve exigir que nos desdobremos, senão não é uma boa meta. A única maneira de saber que progredimos é pela quantidade de sangue, suor e lágrimas que derramamos.

O método mais popular de definição de metas é o SMART;[1] foi desenvolvido há décadas, e, no idioma original, define aquilo que seus criadores acham que cada objetivo deve ser:

S: específico (*specific*)
M: mensurável (*mensurable*)
A: alcançável (*attainable*)
R: realista (*realistic*)
T: com prazo definido (*timely*)

Esses podem ser atributos úteis de uma meta, mas com certeza são chatos. São palavras boas para descrever uma couve-flor. Nenhuma dessas palavras é um sinônimo distante de "diversão". Ninguém nunca disse: "Sabe o que foi divertido em minhas férias na praia? Tinham prazo definido. Eu sabia exatamente quando iam acabar".

Por outro lado, quando nos divertimos, a meta não conta. Uma aula de dança não é exercício. Caminhar com um amigo é agradável demais para ser mensurável. *Frisbee* é para *hippies*. Essas coisas não são difíceis o bastante.

Com essa abordagem da vida, eu quase consegui acabar com a alegria do pingue-pongue.

---

[1] Artigo não traduzido para a língua portuguesa. [SMART Goals. How to Make Your Goals Achievable. **MindTools.** www.mindtools.com/pages/article/smart-goals.htm.]

Meu objetivo, no ano passado, foi virar um incrível jogador de tênis de mesa. Eu não tinha a mesa, portanto esse foi meu desafio inicial. O segundo foi que eu não tinha a raquete. Comprei uma na Amazon, com tecnologia de carbono, superleve, de sete camadas, porque tinha certeza de que precisaria dela nos torneios que iria ganhar. A última coisa que eu queria fazer era aparecer no clube/quadra com equipamento inferior. Já havia desperdiçado muito tempo na vida jogando com uma raquete sem carbono e não cometeria esse erro de novo. Comprei um estojo para transportar a raquete também, porque não sou idiota.

O que eu fiz depois? Fui jogar no centro de recreação com meu amigo Grant? Perguntei se algum vizinho tinha uma mesa para eu jogar? Não; essas opções teriam sido muito divertidas e agradáveis.

Em vez disso, decidi que a melhor maneira de aprender era com um professor. Talvez você se surpreenda, mas não é fácil encontrar um professor de tênis de mesa em Nashville, Tennessee. Imagino que em Nova York deve haver um em cada esquina, mas aqui somos ricos em compositores e pobres em professores de pingue-pongue.

Entrei no site da Team USA — aposto que está em sua lista de favoritos — e descobri que existem apenas dois professores certificados em todo o meu estado. Enviei *e-mails* e esperei.

Steve Chan respondeu. Ele disse que era jogador de nível 2.000 — um termo que eu fingi entender — e que me avaliaria. Poderíamos jogar no centro de recreação local, só que estava rolando uma luta de poder na comunidade de tênis de mesa em Middle Tennessee. O diretor do centro não aprovava o método de Chan — que eu presumi que deveria ser carregar troncos de madeira nas costas enquanto corria na neve. Havia muito mais política no tênis de mesa do que eu imaginava.

Perguntei a Steve se havia outra mesa onde pudéssemos jogar. Ele trabalhava em uma faculdade no centro da cidade, em uma parte transicional de Nashville — um termo que significa que os *hipsters* ainda não haviam levado seus carrinhos de sorvete de queijo de cabra para lá. Enfim, ele disse que havia uma mesa na associação estudantil.

Em um sábado frio de fevereiro, cheguei ao *campus* da faculdade às 16h30 para conhecer meu professor de tênis de mesa. Confesso que minha esperança era que ele fosse exatamente como o sr. Miyagi de *Karate Kid* e que, enquanto eu aprendesse a jogar tênis de mesa, aprenderia também coisas sobre a vida. E não me decepcionei.

Steve está na casa dos 60, proveniente da China continental. Comecei a chamar a China de "China continental" porque era o que Steve fazia. Essa foi minha primeira lição de vida.

Infelizmente, a associação estudantil estava trancada, mas Steve me garantiu que abriria logo. Ficamos ali no saguão, eu com minha raquete de cabo de carbono praticamente nova, com estojo opcional, porque eu não sou *punk*, e ele com seu colete de lã e sua mala de rodinhas — que, em minha imaginação, estava cheia da magia do tênis de mesa.

Nos primeiros vinte minutos, ficamos conversando enquanto esperávamos a abertura da sala. Ele disse que minha raquete era boa, mas que grandes jogadores compravam umas em três peças, que eles mesmos montavam. Eu mal podia esperar para jogar fora minha raquete e fabricar a minha na garagem, como se forjasse uma espada.

Depois de quarenta minutos me mostrando como segurar a raquete — você ficaria surpreso ao descobrir quantos erros pode cometer com apenas quatro dedos e um polegar —, chegamos à desagradável percepção de que a associação estudantil não abriria.

Então, Steve começou a me mostrar como rebater com a direita, isso contra um mural de um leão no saguão do prédio. Se agora você consegue me ver no saguão de uma faculdade que não frequento, em uma noite de sábado, batendo uma bola contra uma parede com uma pintura de leão, é muito bom de visualização.

"Você parece uma girafa, muito ereto e rígido. Precisa esvaziar a barriga e se curvar como um tigre que vai atacar; relaxe os músculos e abaixe-se", dizia Steve. Todos os sonhos sobre *Karate Kid* que eu tinha na cabeça estavam se tornando realidade de uma vez.

Depois de trinta minutos perdendo para a parede, Steve decidiu que eu deveria jogar com ele. Uma parte fundamental do tênis de mesa é a mesa. É 50% do nome, inclusive. Eu não sabia como Steve planejava realizar essa façanha, mas quem sabe o que ele tinha naquela mala de mão?

Ele, porém, foi até a extremidade oposta do saguão circular. A seis metros de distância, ele quicou a bola suavemente e a jogou para mim. Como nunca havia jogado tênis de mesa sem mesa, perdi a primeira bola.

O enorme constrangimento também não estava ajudando. De vez em quando, alguns estudantes passavam para ver se a associação estudantil estava aberta. Se você está imaginando um estudante universitário de 19 anos, olhando sem entender nada para um homem de 41, jogando tênis de mesa contra um sansei idoso de colete de lã, no saguão e sem mesa, está indo muito bem. Era exatamente isso que estava acontecendo.

Acabamos jogando durante duas horas.

No saguão.

Sem mesa.

Para o resto das aulas, nós nos encontramos em um clube. Por horas a fio, ele jogava 100 bolas para mim, aos poucos me ensinando os movimentos.

Eu ainda não estava pronto para um torneio; inclusive, Steve nem achava que eu estava pronto para um jogo qualquer — coisa que nunca fizemos durante todo o treinamento, que durou apenas quatro aulas. Se parece pouca coisa para você, garanto que não foi. Sou um iniciador, não um finalizador, portanto, fazer algo quatro vezes seguidas é um recorde para mim.

Eu, porém, não desisti por odiar tênis de mesa. Foi porque não estava me divertindo. Em vez de simplesmente comprar uma mesa e jogar com os amigos, eu estava pagando 20 dólares por hora para fazer exercícios com um idoso que ficava gritando "Mate, mate, mate" para mim — o que indica que, se fosse um jogo, ele teria matado todas as minhas bolas.

Independentemente do tipo de objetivo, a crença de que o atingir tem de ser difícil e sem alegria nos destrói a cada passo.

Muita gente faz isso. Queremos desafios que nos deixam infelizes, e é por isso que as corridas de aventura estão tão em alta.

Quando a corrida Tough Mudder começou, um dos obstáculos era atravessar um campo de fios elétricos energizados. Você passa a vida inteira tentando evitar levar um choque e, no dia do Tough Mudder, paga por essa experiência.

Quando eu tinha 8 anos, tentei apertar o botão de devolução de moedas de uma máquina de Skee-Ball no Chuck E. Cheese's. Estava faltando o botão, e meu dedo tocou em um fio desencapado. Foi como se minha mão inteira estivesse sendo mastigada por um moedor de carne feito de fogo e vespas.

Na Tough Mudder, você paga para ter essa sensação.

Entretanto, não se esqueça: isso é depois de ter de pular em uma lixeira cheia de gelo, de modo que todos os músculos de seu corpo rejeitam as instruções do cérebro e fazem você cair involuntariamente. Só então você pode rastejar por um poço lamacento, roçando centenas de fios. Um dos participantes, Dino Evangelista, descreveu a experiência "como se um gigante me socasse entre os ombros e me derrubasse no chão o mais forte possível". É melhor que a camiseta que eles dão no final seja realmente incrível.

Isso não são metas; são formas de tortura. Foi por isso que meu consultor me pediu para parar de ler livros de autoajuda por um tempo. Eu estava tendo uma overdose de livros batidos que só me faziam sentir um fracasso. Comprava todos os lançamentos, esperando secretamente que um fosse mais difícil que o anterior, com lama mais profunda e mais fios desencapados.

Eu achava que o progresso tinha de ser assim; achava que diversão não contava.

Mas isso é mentira. A diversão não só conta, como também é necessária para quem quer vencer o perfeccionismo e chegar ao fim.

Metas divertidas vencem

O mais louco é que isso de não dar valor à diversão não funciona. Pode pegar bem no Instagram, para impressionar seus amigos com sua rotina miserável, mas, cientificamente falando, metas sem alegria geram fracasso.

Quando você estuda definição de metas, observa vários fatores estatísticos, mas os dois mais interessantes são: 1) satisfação e 2) bom desempenho. Um fala sobre como você sente o processo, e outro foca no que você faz.

Uma abordagem ótima para concluir as coisas aumentará drasticamente ambos. Não ajuda nada, a nenhum de nós, eu lhe ensinar algo que aumente sua satisfação, mas diminua seu bom desempenho, pois você chegará sorrindo... em último lugar. E, se seu desempenho for melhor e sua satisfação menor, você será um triste vencedor.

É por isso que algumas das pessoas mais bem-sucedidas que você conhece são tristes. Arrasaram na segunda métrica, mas esqueceram que a primeira também é importante. Por isso, eu estava ficando melhor no tênis de mesa, mas não me divertia. Para uma ótima abordagem, tanto a satisfação quanto o bom desempenho devem estar presentes. E a diversão faz parte desses dois fatores.

Se os milhares de participantes do programa *30 Days of Hustle* servem de indicadores, escolher um objetivo que lhe pareça agradável aumenta sua probabilidade de satisfação em 31%. Talvez essa seja a conclusão científica mais óbvia a que já se chegou. É claro que seu nível de satisfação aumentará se você fizer algo de que goste. Nossa, que surpresa: tomar sorvete é divertido!

As pesquisas, no entanto, não param por aí. O segundo benefício de escolher algo de que você goste é que aumenta a qualidade de seu desempenho em 46%. Nosso desempenho é melhor quando escolhemos fazer algo que achamos divertido.

Vários estudos têm confirmado isso. Segundo o mito em vigor, manter um desempenho de alto nível deve ser cansativo, doloroso e difícil. Mas os cientistas que pesquisaram nadadores de elite descobriram, para sua surpresa, que mesmo nos treinos das 5h30, eles "estavam animados, rindo, conversando e se divertindo". E que "é incorreto acreditar que atletas de ponta sofrem com grandes sacrifícios para alcançar seus objetivos. Muitas vezes, eles não veem o que fazem como um sacrifício. Na verdade, gostam".[2]

Pode rastejar na lama quanto quiser, dar beijo de língua em fios elétricos, encher as calças de moreias, não me interessa.

---

[2] Obra não traduzida para a língua portuguesa. [CHAMBLISS, Daniel F. **The Mundanity of Excellence:** An Ethnographic Report on Stratification and Olympic Swimmers, Sociological Theory 7, n. 1. Clinton: Hamilton College, 1989. p. 70-85]

A melhor maneira de realizar algo é exatamente o oposto de tudo isso. Diversão não é opcional; é necessária para matar o perfeccionismo e chegar até o fim.

Couve não é divertida

E se o objetivo que você deseja alcançar não for naturalmente divertido?

Perder peso não é inerentemente divertido.

Não mesmo.

Andar na esteira até quase vomitar não é divertido.

Apanhar fazendo exercícios que você ainda não conhece não é divertido.

Acordar cedo não é divertido.

Livros piegas positivos que dizem o contrário são uma idiotice.

Mas tenha em mente que o atalho não é "encontrar algo divertido", e sim "torná-lo divertido se quiser concluí-lo". Você precisa agir, ter o trabalho de tornar a coisa divertida. Como?

Faça a seguinte pergunta: "Como esse objetivo poderia ser mais divertido?".

Parece loucura, não é? Eu sei, sou um visionário.

A maioria das pessoas não põe diversão nos objetivos. Já se fez essa pergunta em relação a algum objetivo que quis alcançar? Alguma vez, em seu trabalho, um chefe apresentou a estratégia para o terceiro trimestre e disse "Não esqueçam, tem de ser divertido!"? Ao fazer uma resolução de ano-novo, você se certificou de que fosse divertida? Isso era um pré-requisito? Você planejou isso?

A diversão não faz parte da linguagem que usamos quando a questão é trabalho duro, empenho ou disciplina. Mas isso é só outro exemplo de que o perfeccionismo é nocivo. Se conseguirmos convencê-lo de que a diversão é importante, é mais provável que terminemos a tarefa.

Jeremy Cowart encontrou uma maneira de tornar seu objetivo divertido quando deu início ao Help-Portrait.[3] Ele era um fotógrafo de muito sucesso e queria "retribuir". Esse é um objetivo bastante comum, e a maioria das pessoas não acha que pode ser divertido. Pensam instantaneamente: "Tenho de construir uma casa para alguém, pintar um centro de recreação ou servir sopa aos sem-teto no centro da cidade". Nunca começamos um trabalho voluntário dizendo: "O que eu realmente gosto de fazer que poderia usar para ajudar alguém?". E, na maioria das vezes, desistimos de retribuir.

Cowart fez da diversão sua prioridade. Depois de uma década fotografando pessoas como Taylor Swift e Garth Brooks, ele conhecia bem o poder de uma foto bem tirada. Conhecia a confiança e a alegria de uma pessoa ao se ver toda maquiada para uma foto. E também sabia que, se amasse mesmo o projeto, continuaria. Ele começou a oferecer retratos gratuitos em um evento especial realizado todos os anos em centenas de locais ao redor do mundo. As pessoas são maquiadas de graça, posam para um fotógrafo que cobraria uma fortuna e, muitas vezes, vão embora com a única foto que já tiraram na vida.

Até hoje, o Help-Portrait tirou mais de meio milhão de fotos.

Mas sabe o que Jeremy não faz? Não bate pregos nem pinta paredes. Por quê? Porque não é bom nisso e, pior ainda, não acha divertido. E ele sabe que, quanto mais alegria sentir, mais tempo trabalhará em algo que ajude outras pessoas.

É fácil encontrar a diversão na história dele. Mas e se você não souber como fazer algo divertido ou por onde começar? Existem dois lugares.

---

[3] Para mais informações, acesse o site. Disponível em: help-portrait.com.

A diversão vem em dois sabores muito diferentes. Escolha com sabedoria

Ben Rains é consultor financeiro, mas a matemática raramente convence seus clientes a tomar as melhores decisões. Ele pode dar os números, processar os dados perfeitamente, fazer fluxogramas e gráficos até deixar sua impressora sem tinta, mas, enquanto não tiver uma informação específica sobre seus clientes, nada disso importa.

O que é divertido para eles?

Cada pessoa com quem ele conversa sobre finanças tem algo único. Seus clientes sofrem influências de muitas coisas, como a maneira pela qual seus pais cuidavam do dinheiro, a saúde de seus relacionamentos românticos, o que é mais importante para eles e um milhão de outros fatores. Mas, depois de uma década ajudando pessoas, ele descobriu que as motivações dos clientes, em geral, se encaixam em duas categorias:

1. Motivação pela recompensa.
2. Motivação pelo medo.

Para algumas pessoas, uma vez que a recompensa fica detalhada e clara, um mecanismo motivacional é acionado. Uma vez traçado o caminho para a aposentadoria ou para pagar a faculdade, elas o percorrem com vigor.

As pessoas que são motivadas pela recompensa têm um movimento que os psicólogos chamam de aproximação. Estão dispostas a chegar à recompensa decorrente da realização de determinado objetivo. É esse resultado — a recompensa — que as impulsiona. É a versão delas de diversão. Ver a primeira venda de sua loja *on-line* é o mais emocionante para uma pessoa que abre um negócio. Entrar em uma calça que não serve há anos e sair para comprar roupas novas com um corpo novo é o que mais importa. Ter a liberdade de comprar algo sem ficar controlando o saldo da conta bancária é uma sensação maravilhosa. Essas pessoas são motivadas pelo prêmio associado à realização da meta.

Para outros, a recompensa não serve de estímulo. A bela imagem do futuro está muito distante, é muito sem graça ou muito segura. Sonhar com a aposentadoria quando você tem 30 anos é como tentar dizer a uma criança de 15 anos que um dia arranjará um ótimo emprego se focar nos estudos.

Essas pessoas não são motivadas pelo que poderia acontecer se agissem, mas sim pelo que não acontecerá se não agirem. O medo de que seus filhos não possam fazer faculdade as faz despertar. Um futuro no qual não haja Flórida e tenham que trabalhar até morrer as faz entrar em ação. O medo do futuro as obriga a mudar o presente.

Isso é chamado movimento de afastamento, ou seja, as pessoas motivadas dessa maneira não tentam alcançar um resultado desejado, mas sim evitar um resultado indesejado. Nesses casos, o medo não é um dragão que cospe fogo; é um balde de água fria. É um despertador que nos acorda e nos derruba da cama. Eu sinto esse tipo de medo toda vez que me preparo para falar em um evento. Treino mais meu discurso porque quero evitar a sensação de fracasso.

Talvez não associemos naturalmente a palavra "medo" com diversão, mas quem usa o movimento de afastamento como motivação sabe exatamente do que estou falando. Há certa pressa de se desviar de uma bala ou de cumprir um prazo no último segundo. Evitar um desastre pode ser algo muito motivador.

Em certos momentos, piadas não funcionam. Em certos momentos, o público não gosta de mim. Mas não porque eu esteja despreparado. Meu maior medo é ter uma palestra de uma hora e eu terminar todo o meu material em vinte minutos. Não sinto mais medo quando estou no palco, mas a ideia de ficar sozinho lá em cima, sob luzes quentes, olhos fixos e rostos expectantes, sem nada para dizer, sempre me assombra. Assim sendo, não sou uma pessoa que agrada às pessoas, e sim uma pessoa que não as desagrada. Isso não é grande coisa, eu sei. Ainda estou treinando.

Eu, particularmente, não ligo para aplausos. Gosto dos risos, mas o que mais me motiva é o silêncio. Eu me esforço muito para ser engraçado, interessante ou útil e não desagradar as pessoas. Meu movimento não é de aproximação das palmas, e sim de afastamento das vaias.

Minha parte favorita de um evento é entrar em meu carro quando chego ao estacionamento do aeroporto. É quando sei que consegui, que terminei. Não fracassei. Eu estava preparado e fiz o que tinha que fazer.

Se você é motivado pelo medo, não lute contra ele como se fosse um adversário. Use-o.

Cus D'Amato, treinador de Floyd Patterson e Mike Tyson durante os anos saudáveis, sabia da importância do medo.

> Você precisa entender o medo para poder manipulá-lo. O medo é como o fogo, podemos fazê-lo trabalhar para nós: pode nos aquecer no inverno, cozinhar nossa comida, iluminar quando está escuro e produzir energia. O medo é amigo de pessoas excepcionais.[4]

---

[4] Artigo não traduzido para a língua portuguesa. [HA, Samuel. Top 30 Greatest Cus D'Amato Quotes. **MightyFighter.** Disponível em: www.mightyfighter.com/top-30-greatest-cus-damato-quotes/].

Entender qual tipo de paixão o diverte é um dado muito importante, seja aproximar-se de um futuro promissor, seja afastar-se de uma eventualidade sombria.

Qual é a sua?

Pais que tenham dois filhos entenderão este exercício porque o que motiva um filho normalmente aborrece o outro. Não poder mexer no *video game* pode inspirar uma filha sua a limpar o quarto, mas o mesmo pode deixar sua outra filha animada. Sendo mais propensa a coisas comunitárias, ela ficará mais que feliz de se livrar de uma atividade solitária como essa.

No passado, você foi movido pelo medo ou pela recompensa? Sente-se inspirado pela ideia de voltar ao porto com sucesso ou evitar um naufrágio no mar? Como diz o escritor Jonathan Fields, seu objetivo é afastar um fracasso de você ou tomar posse de uma vitória?[5]

Deixar de reconhecer o que é "divertido" ou motivador é uma grande fonte de fracasso de metas. É como ter o carro certo, mas a chave errada. Vi isso na academia, uma vez. No estacionamento, uma mulher me pediu ajuda com o carro do marido. Não conseguia abri-lo com o controle remoto, as portas continuavam trancadas, a chave não entrava e nem o porta-malas abria. Depois de várias voltas ao redor da SUV, olhei mais de perto para o chaveiro e percebi que tinha um grande VW. Isso não seria um problema se o carro dela não fosse um Ford. Então, virei a cabeça e vi um VW Jetta branco do outro lado do estacionamento com o porta-malas aberto. Acidentalmente, ela havia pego as chaves de outra pessoa no armário da academia.

Se usar a forma errada de motivação, você não conseguirá fazer o carro se mexer. Por exemplo, um médico lhe diz que,

---

[5] Artigo não traduzido para a língua portuguesa. [The Truth About Motivation: Push, Pull, and Death. **JonathanFields.** Disponível em: www.jonathanfields.com/the-truth-about-motivation-push-pull-and-death/.]

se você não perder peso, suas chances de problemas sérios de saúde aumentarão. Essa é uma motivação pelo medo, mas, se você for motivado pela recompensa, nenhum alerta do mundo vai adiantar. Seria uma abordagem melhor para você encontrar uma recompensa, como ser bem saudável para finalmente poder fazer a trilha de Cinque Terre, na Itália, que atravessa cinco cidades coloridas entre Gênova e Pisa.

Quando seu chefe lhe atribui um projeto que ninguém quer, com uma equipe de que ninguém gosta, você vai querer esperar a motivação aparecer. Mas, se for esperar a inspiração, nunca vai terminar nada. O melhor é escolher de que tipo de motivação mais precisa e usá-la em todas as partes do projeto em que seja possível.

Sua motivação é o medo de não cumprir um prazo? Crie prazos parciais no projeto. Sua motivação é a recompensa que recebe quando seus esforços são reconhecidos pelos outros? Faça relatórios semanais e envie a todos os interessados, descrevendo o progresso do projeto. O que o motiva são as recompensas? Defina prêmios pessoais ao longo do caminho. Sammy Rhodes, o escritor, quando tinha um grande projeto para entregar, se recompensava com um filme quando terminava. A promessa de um filme na sexta-feira à tarde deixa o trabalho de quinta mais fácil.

Quando for escolher entre o medo e a recompensa, o perfeccionismo lhe dirá que você não precisa de nenhum dos dois. Que os verdadeiros vencedores não precisam de motivação, simplesmente fazem o que têm de fazer. Não precisam de recompensas nem castigos, nem de uma vareta com uma cenoura na ponta, simplesmente põem a mão na massa e ralam. Ele vai dizer que visar a uma recompensa é trapacear, que você é melhor que isso, e que o trabalho duro é sua recompensa.

No instante em que você ouvir algo assim, saberá que está no caminho certo. O perfeccionismo só reclama quando as pessoas se mexem.

Pessoas de verdade usando diversão de verdade na vida real

Minha amiga postou no Instagram que estava curtindo um prazer culposo durante um voo. Qual era? Ela estava bebendo água com gás.

Isso mesmo, seu maldito pagão, o prazer culposo dela é beber água com gás. Não era nem tônica, ela estava bebendo água com gás pura. Está se sentindo mal por suas escolhas de vida agora? Para mim, um prazer culposo, geralmente, é ignorar o tamanho de porção sugerido nas embalagens. Você nunca comeu um pacote inteiro de alguma coisa antes de perceber que a tabela nutricional dizia "porção de 30 gramas", por exemplo? Ou seja, o pacote não era para ser só seu.

Mas, sabe, é incrível que minha amiga se recompense com água com gás. Por quê? Porque a diversão tem de ser algo pessoal, e muitas vezes pode ser estranha.

Por isso, acendi uma vela de bálsamo e cedro quando me sentei para escrever este capítulo. Nem é dezembro, o mês oficial do bálsamo e do cedro. É como ouvir o álbum de Natal da Mariah Carey em junho, mas nem ligo. Eu vivo segundo minhas próprias regras.

Adoro o cheiro de bálsamo. Devo tê-lo conhecido quando comprei um machado que nunca usei. Imagino que a floresta muda o homem... Independentemente da origem de meu amor por ele, gosto muito desse perfume. Cheira a Natal, renas e felicidade. Então, enquanto escrevia este livro, comprei uma vela de sessenta horas na Yankee Candle e me comprometi a acendê-la só quando estivesse escrevendo.

Fazer isso também foi um lembrete de que a maioria das pessoas não é "ou um ou outro" quando se trata de motivação por medo ou recompensa. O medo me motiva a preparar bem minhas palestras, mas uma recompensa me encoraja a escrever com afinco.

O negócio da vela foi divertido para mim por duas razões. Primeiro, pelo cheiro, que é mágico, como hálito de unicórnio. Segundo, por observar o derretimento da cera. Eu queria muito chegar ao fim da vela. Imaginei colocar o frasco vazio em minha estante quando terminasse. Eu olharia para ele me sentindo vitorioso, sabendo que eu, sozinho, havia matado aquela vela.

Isso é estranho? Definitivamente, é.

Não é, porém, mais estranho que ir à academia cinco dias seguidos às 5 horas da manhã para ganhar uma camiseta grátis. Foi o que dezenas de pessoas de minha academia fizeram durante a Hell Week, um festival de tortura que dura uma semana e acaba com uma camiseta grátis. Durante a semana, você ganha uma estrela laranja ao lado de seu nome, em um grande quadro, para cada dia que completa o treino.

A estrela pode parecer coisa de jardim de infância, mas juro que vi adultos ficarem alucinados com cada uma que ganhavam.

O estranho funciona, e o perfeccionismo absolutamente o odeia. E é evidente; se ele se opõe à diversão, você pode imaginar o descaso que tem pela estranheza. Perfeccionismo demanda conformidade, retorcer e moldar seu desempenho a algum padrão imaginário que é impossível de atingir. Não há espaço para o estranho no perfeccionismo.

Às vezes, em vez de escolher entre uma recompensa e uma perda, você pode matar dois coelhos com uma cajadada só.

Uma vez, Emily Bortz fez um desafio de emagrecimento com sua irmã, e a perdedora teve de pagar uma massagem à vencedora. Além de ser motivado pela recompensa da massagem, você pode ser motivado pelo medo de ter de pagar por algo que não vai receber.

Muito bem, já esgotamos nossa cota de exemplos de emagrecimento; que tal falarmos agora de algo bem chato, como a manutenção doméstica? Veja como Stephen Nazarian, um leitor meu, aborda isso.

Eu tenho uma lista interminável de coisas a fazer em casa. Muitas delas levam quinze a vinte minutos apenas (como trocar o espelho de um interruptor ou pendurar um quadro). Então, quando estou exausto depois de um dia de trabalho e só quero relaxar na banheira de hidromassagem, eu me forço a começar uma tarefa pequena da lista e, quando estou quase terminando, ligo a água da banheira e a deixo enchendo. Já fiz tanto isso que agora não consigo mais relaxar na *jacuzzi* sem fazer algo produtivo primeiro. Pavlov ficaria orgulhoso de mim.

Existe algo mais estranho que usar uma *jacuzzi* para se condicionar a ser mais produtivo? Eu diria que não. É por isso que adoro Stephen.

O tamanho e o tipo da recompensa podem variar. Certo ano, eu decidi que toda vez que tivesse que viajar a trabalho, iria me recompensar com um *upgrade* do carro alugado.

Em Seattle, perguntei ao sujeito da Enterprise quanto custaria fazer o *upgrade* de meu carro. Ele consultou seu *tablet* e disse: "Você pode passar dessa pipoqueira que alugou para um Infiniti por 20 dólares por dia". Em Charlotte, um Volvo novinho em folha custava 15 dólares. Em Dallas, um Cadillac custava 20 dólares.

Isso pode não parecer uma grande recompensa, mas, se você já viajou a trabalho, sabe que essas pequenas coisas fazem toda a diferença. Eu ia passar três horas no carro em Seattle, e dirigir um modelo mais veloz e divertido tornou minha viagem infinitamente melhor, e custou apenas 20 dólares.

Essa foi uma pequena recompensa. Quando terminei o primeiro esboço deste livro, comprei botas de esqui. Eu já tinha o dinheiro antes de terminar o livro, mas comprá-las antes de atingir a meta teria estragado a recompensa.

E quanto ao outro lado? E se você for motivado pelo medo? Às vezes, é difícil pensar em uma punição por não atingir uma meta, mas não se acanhe, seja criativo. Brian Koppelman, cocriador de *Billions* e corroteirista do filme *Cartas na mesa*, uma vez teve um roteiro para o qual não conseguia financiamento. O pessoal do ramo dizia que seria impossível por causa do tema obscuro. Ninguém concordava com a ideia dele, era uma situação desesperadora. Por fim, depois de alguns meses frustrantes, ele entrou no *site* da Nike e desenhou um par de tênis incrivelmente feio. Em rosa brilhante, estava escrito nele o nome do filme em que estava trabalhando. Teve de usar esses tênis horríveis até terminar. Naquele dia, ele decidiu fazer pelo menos uma ação concreta por dia.

Esquisito? Claro. Mas pergunte a Michael Douglas se ele gostou de estrelar o filme *O solteirão*, para o qual Brian conseguiu financiamento.

Certa vez, o apresentador de rádio David Hooper contratou um *coach* de carreira que tinha uma abordagem interessante para o espectro do medo *versus* recompensa. Ele fez o apresentador preencher um cheque, que enviaria para o partido político que Hooper mais odiava se não atingisse seus objetivos. O *coach* ficou com o cheque, de modo que o processo seria automático.

Se David não trabalhasse em seu objetivo, o candidato que ele não suportava receberia seu apoio. Pior de tudo era que ele passaria a fazer parte do *mailing* do partido, um banco de dados que é um pesadelo, do qual você nunca escapa, meu amigo.

Qual será sua recompensa? Ou, se você for mais motivado pelo medo, qual é sua ameaça?

Lembre-se: o perfeccionismo lhe dirá que a diversão não conta. Pior ainda, dirá que usar recompensas ou medos como forma de motivação para alcançar seu objetivo é uma muleta, que você é o único que usa sistemas idiotas, divertidos e estranhos.

Só que não.

No momento em que você está lendo isto, devo estar treinando uma palestra em algum lugar para não fazer feio. Ou acendendo uma vela que cheira a floresta para continuar escrevendo. E uma mãe que não trabalha fora e cuida dos filhos está indo comprar roupas porque perdeu os quilos que determinou para ganhar sua recompensa.

Quanto mais diversão você colocar em seu objetivo, seja na forma de medo, seja na forma de recompensa, maior a probabilidade de o alcançar.

Como ler 100 livros por ano

Em janeiro e fevereiro de 2017, li 18 livros. Sem dúvida, foi o máximo que li em tão pouco tempo. Inclusive, devo ter lido menos que isso em todo o ano de 2016.

Como fiz isso? Como o cara que começou este livro confessando que havia terminado de ler apenas 10% dos livros que possui conseguiu dar a volta por cima? Usando a diversão.

Em primeiro lugar, expandi minha definição de "o que conta". Decidi que audiolivros contavam. Não só audiolivros, mas audiolivros à velocidade de 1,5x, pois alguns autores leem seus livros muuuuito devagar. Também não impus um limite de páginas ao que definiria como livro. Se eu quisesse ler uma ideia curta, de 120 páginas, de um autor de negócios, isso contava. Li alguns livros de 700 páginas durante o ano, mas nem todos que peguei tinham de ser grossos como as *Páginas Amarelas*.[6] E também decidi ler quadrinhos. Assim que eu disse isso na internet, alguém comentou: "E quadrinhos contam?".

Com que padrão invisível meu objetivo pessoal de ler 100 livros em um ano deveria ser medido? Com base em qual nível de qualidade eu estava julgando o meu? Eu fiz as regras e decidi que seriam divertidas. Eu gosto de audiolivros e de histórias em quadrinhos, portanto fiz que contassem.

Também tive o cuidado de estabelecer recompensas divertidas para mim. Toda vez que terminava um livro, eu o postava no Instagram com uma breve resenha e a *hashtag* #AcuffReadsBooks. (Vá lá conferir a *hashtag* agora mesmo; todos os livros ainda estão lá.) Gostei das discussões que cada *post* gerou e sempre recebi ótimas recomendações de outros livros. Mas não foi essa a parte divertida.

O divertido foi vê-los empilhados. Eu sou um sujeito de números, e ver a lista ficar maior e a coleção ir aumentando cada vez que terminava um era muito legal. Também sou motivado pelo público; foi legal ver pessoas dizerem coisas como "Nossa, você está lendo uma tonelada de livros este ano!". Sim, sou esquisito, obrigado por notar. Os comentários, mesmo de pessoas que eu não conhecia, eram muito divertidos para mim.

[6] ou Lista telefônica.

Bem, mas isso é meio constrangedor. O perfeccionismo me dizia que eu não deveria precisar da aprovação dos outros para atingir um objetivo. Que deveria ser capaz de me motivar pela satisfação pessoal de conseguir. Que eu era vaidoso e carente. Que alguém mais inteligente, com um senso de identidade mais saudável, não teria de compartilhar o que estava fazendo.

Talvez não. Aposto que a pessoa perfeita também recicla muito bem, mesmo quando come no Whole Foods, onde há 19 lixeiras diferentes e você leva meia hora para jogar seu lixo fora. Mas eu não sou assim.

Quem sou eu?

Eu sou o cara que leu mais de 100 livros em 2017 porque pensei em uma *hashtag* e o apoio de seguidores aleatórios foi divertido.

A verdade sobre a diversão

> Trabalhar duro por algo que não nos importa se chama estresse. Trabalhar duro por algo que amamos se chama paixão.[7]
>
> –Simon Sinek

O perfeccionismo deve estar odiando este livro agora. Vamos analisar as três ações que recomendei:

1. Corte seu objetivo pela metade.
2. Escolha suas batalhas.
3. Faça que seja divertido para que consiga terminar.

---

[7] SINEK, Simon. **Juntos somos melhores:** um livro inspirador sobre o poder da união e a busca pelo propósito. Rio de Janeiro: Sextante, 2019.

Este é o livro sobre definição de metas mais fácil de todos os tempos.

Sério, que tipo de tarefa é "divirta-se mais"?

Vou lhe dizer: é o tipo de tarefa que estatisticamente funciona.

É o tipo de tarefa que mata o perfeccionismo.

É o tipo de tarefa que impulsionará você até a linha de chegada.

Mas, se quiser mesmo chegar lá, primeiro terá de abrir mão de algo. É hora de abandonar alguns esconderijos e ignorar seus nobres obstáculos.

Ações

1. Em uma escala de 1 a 10, quão divertido é o objetivo em que você está trabalhando?
2. Decida se você é motivado pelo medo ou pela recompensa.
3. Às vezes, a diversão é estranha (lembre-se da vela de bálsamo). Complete esta frase: "É estranho, mas eu acho _____ divertido".
4. Escolha três coisas divertidas que você pode inserir em seu objetivo.

CAPÍTULO 5

SAIA DE SEUS ESCONDERIJOS E IGNORE OS OBSTÁCULOS NOBRES

Em 2004, criei um boletim informativo sobre o jogo *on-line Fantasy Basketball*, e foi um grande sucesso.

Talvez você esteja se perguntando se foi um dos vários boletins de *Fantasy Basketball* que você leu durante aqueles dias inebriantes do jornalismo digital da NBA. Pode ter sido, amigo, pode ter sido.

Toda semana, eu mergulhava nos altos e baixos da gestão de um time do *Fantasy Basketball* (gente do esporte como eu chama a NBA de "criadora de viúvas").

Eu analisava cada time, dezenas de jogadores e tendências que os dados revelavam sutilmente. E não escrevia secamente; salpicava toda a prosa com humor. Eu não fazia só uma análise dos melhores rebotes da liga; havia risadas e, talvez, até umas lições de vida.

Algumas edições tinham dez páginas, com milhares de palavras dedicadas às minúcias mais obscuras. Era um trabalho árduo, mas os leitores, fãs de verdade, faziam tudo valer a pena.

Sabe quantas pessoas liam meus boletins semanalmente? Quantas gostavam de meu conhecimento de basquete duramente conquistado? Oito.

Não oito mil, nem oito dezenas, nem oito dúzias. Meu público inteiro era de oito pessoas. E por que eu dedicava horas todas as semanas a esse boletim informativo?

Porque era muito mais fácil que escrever um livro.

No início de qualquer objetivo, o perfeccionismo foca em destruí-lo com um ataque frontal.

Diz que, se não for perfeito, você deve desistir.

Diz que seu objetivo não é grande o bastante.

Critica você por nem sequer pensar em torná-lo divertido.

No entanto, se aguentar, se você se recusar a permitir que o perfeccionismo deprecie seu objetivo, ele mudará completamente de tática. Inesperadamente, passará da destruição para a distração.

Se não conseguir derrubar seu muro com um ataque direto, ele o cercará com outras oportunidades.

Quanto mais perto você chega de terminar o que começa, mais qualquer coisa ao seu redor se torna interessante. É como se você colocasse óculos de distração. Coisas que você nunca notou aparecem e ficam dançando tentadoramente diante de seus olhos. "Não seria melhor organizar sua estante que terminar aquele projeto? Faz tempo que você não atualiza seu time do *Fantasy Football*. Sabia que um livro disse que *networking* é importante? E se você ignorar essa papelada e der uma volta pelo escritório esfregando cotovelos?" (Você nunca deve esfregar os cotovelos de um colega de trabalho. Isso é bizarro. Que frase terrível!)

Quando ousamos focar, mil outras coisas imploram por nossa atenção.

Já ouviu falar em "paralisia por análise"? Se não tomar cuidado, você pode ficar empacado, só traçando um plano perfeito, sem nunca começar a tarefa.

Além da análise, o perfeccionismo nos oferece mais duas distrações:

1. Esconderijos
2. Obstáculos nobres

Esconderijo é uma atividade na qual você se concentra no lugar de seu objetivo.

Obstáculo nobre é uma razão, que parece muito virtuosa, para interromper seu empenho.

Ambos são tóxicos para a sua capacidade de concluir as coisas.

Esconderijos

Vamos falar primeiro do esconderijo, aquele lugar seguro aonde você vai para se esconder do medo de estragar tudo. É a tarefa que permite que aceite seu perfeccionismo fazendo você se sentir bem-sucedido, mesmo evitando seu objetivo.

Alguns esconderijos são facilmente identificados como armadilhas improdutivas. Se você fica assistindo à Netflix toda vez que é hora de fazer X, isso é um esconderijo. Você tem medo de enfrentar o medo da imperfeição que acompanha todo esforço, por isso se esconde dele fazendo algo que não requer habilidade. As pessoas podem criticar um texto ruim de seu *blog*, mas ninguém vai criticar a forma como você assiste à TV. "Acho que ele poderia fazer um trabalho melhor se pulasse os créditos de abertura dos programas."

Há esconderijos que parecem produtividade, mas são enganosos; como areia movediça. Ela não parece tão diferente de uma praia comum (se pesquisar "areia movediça" no Google Imagens, além de encontrar fotos de mulheres de biquíni — por que uma simples pesquisa na internet retorna com isso? —, encontrará algumas fotos de areia com aparência totalmente comum). A areia movediça parece areia normal que a maré arrastou. Mas, na verdade, é areia liquefeita, e o peso que se coloca nela suga tudo para o fundo.

Esconderijos são coisas complicadas. Fazem você sentir que está indo bem, quando, na realidade, não está chegando a lugar nenhum com seus projetos mais importantes.

Minha esposa me alerta sobre os esconderijos o tempo todo. Certa tarde, ela disse: "Sei que você está evitando escrever quando vejo sua caixa de entrada de *e-mail* impecável".

Como eu disse antes, eu odeio *e-mail*. Odeio minha caixa de entrada. Odeio essa forma de comunicação. Mas, quando tenho outro trabalho que preciso terminar, é o esconderijo perfeito para mim. Nunca termina. Há sempre mais uma pasta para esvaziar e mais um contato a quem escrever. Sou capaz de escrever um *e-mail* perfeito e me sentir bem comigo mesmo por tanto esforço.

A melhor/pior parte é que, quando você esvazia sua caixa de entrada respondendo aos *e-mails*, isso garante que as pessoas responderão, o que significa que sua caixa de entrada ficará cheia de novo. É um ciclo sem fim, como as marés. Além disso, eu posso justificar dizendo que estou ganhando dinheiro respondendo a oportunidades. Posso me sentir um bom empresário respondendo às perguntas de clientes. Sinto a satisfação da realização tendo feito muita pouca coisa.

Eu escreveria o melhor livro de todos os tempos se não recebesse tantos *e-mails*! Oh, mundo cruel e seus *e-mails* que não acabam! Queria não ser tão ocupado.

Para poder terminar as coisas, você precisa ignorar esses dois esconderijos. Veja algumas maneiras simples de identificá-los:

1. Você fica indo para lá sem perceber?

Se piscar e se encontrar trabalhando em algo fora de seu objetivo, provavelmente é porque foi para o primeiro tipo de esconderijo: o óbvio desperdício de tempo. Você nunca vai acabar, sem perceber, fazendo um projeto difícil. Você não se encontrará um dia, inesperadamente, fazendo esse trabalho que está tentando evitar. "Quando me dei conta, estava analisando todos os currículos que me enviaram. Estava adiando essa tarefa havia semanas, mas ali estava eu!" Você nunca vai malhar acidentalmente. "Eu queria ver TV, mas, quando dei por mim, estava fazendo agachamento!" Realizar uma tarefa difícil requer disciplina, ao contrário dos esconderijos que o perfeccionismo oferece. Você não precisa dizer a si mesmo para roer as unhas se for onicófago. Isso simplesmente acontece, especialmente em momentos de estresse. Existe algum projeto que você fica retomando, que não consegue largar? Certa vez, passei horas tentando criar um cartão-postal perfeito para o The Home Depot. Por fim, meu chefe chegou e comentou que ninguém se lembraria daquele cartão-postal, mas que todos os executivos a quem nos reportávamos revisariam o novo catálogo que eu deveria estar escrevendo. Ele representava uma mudança gigantesca na empresa, e foi muito difícil terminá-lo. Eu preferia mexer com o cartão-postal a mexer com o catálogo. Era muito mais fácil voltar acidentalmente ao projeto do cartão-postal que trabalhar no projeto maior. Qual é o aplicativo que você abre no celular sem nem pensar? Todo mundo tem um desses. Você mal toca no celular e, quando percebe, está navegando no Instagram.

2. Você tem de fazer uma apresentação de dez *slides* para justificar por que está enrolando?

Se tiver de dar uma explicação complicada, de várias etapas, para dizer por que o que está fazendo é valioso, provavelmente não é. Você deve estar acampado naquele tipo de esconderijo que se disfarça de produtividade. Eu poderia ter argumentado que administrar uma liga no *Fantasy Basketball* estava me ensinando a construir uma audiência com conteúdo consistente. Isso parece perfeitamente útil, até você cavar um pouco mais. Por que passar dias e semanas construindo um público que gosta de seu jeito engraçado de escrever sobre basquete o faz pensar que esse mesmo público vai adorar suas ideias cômicas sobre estabelecimento de metas? Como será essa transição? "Já que vocês adoram o que escrevo sobre o salto vertical de Michael Jordan, escrevi um livro sobre minha incapacidade de concluir projetos. Veem a relação?" Claro que não. Eu precisaria me afastar alguns passos de meu objetivo real — escrever um livro — para justificar meu boletim de basquete. Analise: aquilo em que você está trabalhando está diretamente alinhado com o que deseja terminar, ou está afastado alguns passos que exigem certa criatividade para justificar?

3. O que seus amigos pensam?

Se você quiser realmente identificar um esconderijo, pergunte a um amigo. É fácil se enganar pensando que uma tarefa é útil, e você não conseguirá identificar tão rápido que é um esconderijo quanto um amigo. Pergunte a alguém próximo se ele acha que você está gastando tempo, energia ou dinheiro em algo que não é importante para seus objetivos — e não dê ouvidos ao perfeccionismo quando ele lhe disser para não fazer isso. O perfeccionismo ama o isolamento; prefere ver você sozinho e tenta convencê-lo de que confiar nos outros é trapacear. De que deve ser forte e não precisar de ninguém. Isso é ridículo. Por que ele diz isso? Porque é mais fácil vencer uma pessoa do que uma equipe. E a maioria das piores decisões que você já tomou foram tomadas sozinho. É por isso.

O objetivo dessas perguntas é identificar alguns esconderijos. Depois de identificá-los, o lógico é pegar o tempo, a energia e o dinheiro que está gastando no esconderijo e aplicá-los em atividades que o ajudem a atingir seus objetivos.

Se você quer escrever um álbum musical, faça o que for necessário para isso. Não sei o que seria, mas sei que escrever um álbum musical exige tempo, energia e, provavelmente, dinheiro.

Se você identificar um desses esconderijos, pare de ir para lá. Essa hora que você passou vendo TV está perdida para sempre.

A energia é um pouco mais difícil de medir, mas é tão cara quanto o tempo. Einstein fez seu melhor trabalho quando trabalhava na chata agência de patentes. Por que isso o ajudou? Porque seu trabalho mundano não o esgotava criativamente.

Ele voltava para casa com o tanque cheio ainda. Portanto, não gaste sua energia em esconderijos, se puder evitar.

Finalmente, pare de gastar dinheiro com seus esconderijos. Se você não pode se dar ao luxo de ir à academia de que realmente gosta porque não tem dinheiro, férias caras podem ser um esconderijo.

Todo mundo tem uma quantidade limitada de tempo, energia e dinheiro.

Se algo estiver roubando qualquer uma dessas reservas, tenha cuidado.

Por outro lado, algumas coisas não são distrações, e sim compromissos.

Seu emprego, por exemplo, pode não ser algo que você ame, mas não é um esconderijo; é um compromisso, ao qual tem de dedicar tempo e energia. Seus filhos não são distrações. Quando os meus eram pequenos, eles tiravam uma soneca à tarde, mas, quando isso acabou, foi difícil para mim. Para quem não tem filhos, isso pode não parecer grande coisa, mas quem tem sabe exatamente do que estou falando. Não dá para discutir o assunto ou fazer uma votação. Um dia, eles decidiram acabar com a soneca da tarde. Sabe aqueles 90 minutos de sossego nas tardes de sábado? Simplesmente desaparecem.

Isso vai acontecer com você. Seu filho vai acordar no mesmo horário todos os dias durante um ano inteiro, até a manhã em que você decidir acordar cedo para fazer alguma coisa. Nessa manhã, ele vai acordar mais cedo e fazer um monte de perguntas sobre iogurte. Mas tudo bem, filhos são compromissos. Assim como nossa saúde e nosso cônjuge.

Mas aquele projeto a que você sempre se dedica, em vez de seguir seus sonhos, não. Aquelas horas gastas fazendo outra coisa, não o que realmente importa, não. É hora de reconhecer que a paz que os esconderijos lhe dão é falsa. Eles não protegem você; apenas o impedem de alcançar seus objetivos. É hora de reconhecer que os esconderijos são uma armadilha do perfeccionismo e sair.

E mais importante ainda é transformar essas atividades-esconderijo em ferramentas que o ajudem a chegar ao fim.

Hora do judô

Quem já lutou contra esconderijos sabe: uma das melhores maneiras de se apaixonar por um novo objetivo é tentar terminar o antigo.

Nunca somos mais criativos para novas ideias que quando estamos quase terminando uma antiga.

"O que vem depois" sempre parece mais interessante que "o que vem agora".

Saiba que, no instante em que você escolher um objetivo e o tornar divertido, um novo objetivo surgirá em sua cabeça, e isso é um esconderijo. Não digo um dia, não digo depois, não digo no décimo quarto dia: digo instantaneamente, no primeiro dia. Antes mesmo de você dar a largada, o perfeccionismo já terá algo diferente para lhe chamar a atenção.

Diante dessa tentação, você fará a pior coisa possível, que é tentar matá-la.

"Tenho de focar", você dirá.

"Tenho de ignorar isso", você gritará.

Em questão de minutos, você estará de volta a seu velho hábito de se esforçar mais. Se você se esforçasse mais, não estaria tão distraído — isso é o perfeccionismo sugestionando-o.

Mas, e se não for uma distração, e sim uma ótima ideia? E se essa coisa nova que aparentemente surgiu do nada for realmente algo que você deveria fazer? E se for a melhor ideia que você já teve, estimulada por todo o seu esforço?

Não sei se é, mas sei que ignorá-la é a abordagem errada.

Lutar contra isso é um desperdício de tempo e energia. O melhor é aceitar, admitir que pode ser incrível mesmo. E aí determine que concluir o objetivo em que você está trabalhando é a condição para explorar essa nova ideia.

No judô, você não tenta deter a força de um oponente; você a usa. Usa o impulso, o peso e a força dele. Você não empurra para trás um inimigo que vai em sua direção; você se inclina para trás e permite que a investida o derrube de surpresa. Isso é o que você deve fazer quando uma distração for muito forte.

Por exemplo, eu queria criar um *podcast*. Fazia tempo que eu queria, mas a ideia não me apaixonava, até que tentei terminar este livro. Assim que comecei a me esforçar para escrever este livro, você não imagina como a ideia do *podcast* se tornou atraente. Eu já sabia quem seriam meus futuros convidados, que perguntas faria e como aumentaria meu público com a maior facilidade.

Em vez de sentir vergonha e tentar ignorar esse projeto, eu o coloquei logo após a linha de chegada deste livro.

Eu não disse nunca; disse depois.

Quer criar uma recompensa que realmente ame? Quando novas ideias ou novos objetivos chamarem sua atenção, coloque-os na linha de chegada. Não tente ignorar o brilho deles; deixe-os brilhar mais que o sol do meio-dia. Mas certifique-se de que apontam o caminho para a linha de chegada.

Nada de *podcast* enquanto o livro não estiver pronto.

Nada de dieta nova enquanto você não terminar a que já começou.

Nada de outra ideia de negócios enquanto não concluir a original.

Coloque na linha de chegada os objetivos dos sonhos que você está usando como esconderijos e note como você correrá depressa em direção a eles.

Cuidado com o obstáculo nobre

Obstáculo nobre é aquele que o perfeccionismo vai usar se você acabar com os esconderijos. É uma excelente razão para você não poder realizar seu objetivo. O perfeccionismo dirá: "Se for fazer isso, é melhor fazer direito". E, quando deixamos a ideia de "direito" indefinida, ela tende a se complicar, geralmente de duas maneiras.

No primeiro tipo de obstáculo nobre, o perfeccionismo lhe diz sorrateiramente que você não pode avançar em direção ao seu objetivo *enquanto não* fizer outra determinada coisa: "Não posso fazer X enquanto não fizer Y". No segundo tipo, o perfeccionismo diz que alcançar seu objetivo pode produzir resultados ruins ou fazer de você uma pessoa ruim.

Quem quer empreender, geralmente expressa medo de ficar viciado em trabalho se abrir uma empresa, medo de acabar se divorciando se ousar tentar realizar seu objetivo, e acha que isso não vale a pena. Melhor não correr riscos e apenas pensar no que poderia ter feito se realmente quisesse. Isso não seria evitar o empreendimento, e sim proteger a santidade do casamento. Que nobre!

Bill tem um obstáculo nobre pelo qual nunca consegue limpar sua garagem.

Bill sabe que nunca atingirá seu objetivo. Toda vez que ele tenta atravessar os escombros entulhados ali, tem plena certeza de que provavelmente morrerá antes de conseguir limpar a garagem. Ele não deve pensar isso quando vai pegar uma bebida na geladeira de lá, porque está muito escuro; mas é verdade.

Eu não o culpo. A única vez em que limpei nossa garagem, encontrei uma ratazana de 30 centímetros de comprimento. Elas também são chamadas de "rato de esgoto" ou "rato-vamos-ter-de-vender-a-casa". Seria ótimo se fosse um rato tipo *A ratinha valente*, mas nunca é.

Não sei se há ratos na garagem de Bill, mas sei que ele não pode dizer à esposa que nunca limpará aquele lugar.

Em vez disso, quando ela o pressiona a limpar, ele diz: "Ótima ideia! Vamos, então, fazer uma venda de garagem!".

Aparentemente, isso parece o melhor passo para a conclusão da meta.

Ele não discute; na verdade, concorda com o projeto com entusiasmo. Não apenas concorda, como também sugere uma maneira de ganhar dinheiro com o projeto. Todo mundo sai ganhando.

Mas a esposa dele sabe o que ele está fazendo.

Bill não está dando o primeiro passo para limpar a garagem; ele está usando um obstáculo nobre.

No fundo, um obstáculo nobre é uma tentativa de deixar o objetivo mais difícil que o necessário para não precisar concluí-lo e ainda ser uma pessoa respeitável.

Escrever um boletim informativo dobre *Fantasy Basketball* em vez de um livro de negócios é um esconderijo.

Decidir que você não pode escrever seu livro antes de ler os 100 melhores livros de negócios de todos os tempos é um obstáculo nobre.

Bill e a esposa não fizeram uma única venda de garagem nos vinte anos em que estão casados. Ele nunca quis. Nem frequentava a dos outros. Nunca mencionou a ideia, até ser encurralado. Naquele momento, ele criou um obstáculo nobre.

Pense nas inúmeras etapas que uma venda de garagem acrescenta à real intenção do projeto: uma garagem vazia. Estas são apenas algumas tarefas extras:

1. Escolher um dia perfeito para a venda; para isso, checar o clima, os planos de viagem a trabalho e a programação de futebol de seus filhos.
2. Checar as normas da prefeitura sobre vendas de garagem.
3. Fazer cartazes para anunciar a venda: "Ratazanas gordinhas para sua casa!".
4. Pendurar os cartazes.
5. Pesquisar vendas de garagem no Pinterest para que sua venda seja atraente como um bolo.
6. Limpar a garagem para saber o que tem para vender.
7. Classificar os itens em "vender", "jogar fora" e "guardar".
8. Definir preços nos itens.
9. Pôr etiquetas de preço nos itens.
10. Expor os itens na garagem.
11. Ir ao banco pegar troco para as duas únicas pessoas do planeta que ainda pagam em dinheiro.
12. Ver quais meios usar para poder receber por cartão de débito.
13. Fazer o dia da venda.
14. Negociar com as pessoas esquisitas que sempre compram em vendas de garagem.
15. Classificar os itens que não foram vendidos.
16. Guardá-los de novo na garagem.

O que era um objetivo de uma única etapa — garagem limpa — se transformou em um projeto de 16.

Seria uma surpresa se esse obstáculo nobre garantisse que Bill nunca fizesse nada com a garagem? Sua esposa teria ficado feliz se ele houvesse destruído a garagem com um lança-chamas, mas, diante de um obstáculo tão maravilhosamente nobre, ela fica de mãos atadas.

Bill não está sozinho. Todos nós temos obstáculos nobres. Você também.

"Enquanto não" vai matar você

Alguns obstáculos nobres são pessoais e únicos. São feitos sob medida para cada um e seriam impossíveis de detalhar em um livro que milhões de pessoas lerão (modéstia à parte). Outros são comuns e facilmente identificados, como a expressão "enquanto não". Já usei isso muitas vezes na vida.

"Não posso fazer minha contabilidade enquanto não souber que tipo de negócio quero ter"; eu disse isso a um amigo, que riu de mim.

Eu estava tentando dizer que, enquanto não tivesse um propósito profundo — sobre o qual já escrevi —, uma missão perfeita para meu negócio e toda a minha vida, não conseguiria descobrir uma maneira mais fácil de fazer a contabilidade. "Enquanto não" é apenas o perfeccionismo vestindo uma fantasia de Halloween.

Karen não vai começar a fazer um *blog* enquanto não consultar um advogado de direitos autorais.

Ela tem medo de que seu *blog* faça sucesso e alguém roube seu conteúdo. Ela me mandou um *e-mail* falando de sua preocupação de que esse ladrão colocasse seu conteúdo em camisetas, chapéus de espuma, e fizesse adaptações em HQs. Como escritor, não posso dizer quanto dinheiro já ganhei nesse próspero ramo de chapéus de espuma.

Isso pode parecer uma preocupação boba, mas com que frequência nossas preocupações são racionais?

Esse é um ótimo exemplo do primeiro tipo de obstáculo nobre, porque não é fácil encontrar um bom advogado de direitos autorais. E, se for parecido com os advogados que já contratei, vai sair caro. Agora, antes de começar a escrever, Karen precisa economizar para pagar honorários advocatícios. Maravilha!

Escritores não são os únicos que usam o primeiro tipo de obstáculo nobre. Conheço gente que diz que não pode malhar enquanto não escolher o melhor tipo de treino. Odiariam escolher o errado. Então, não escolhem nenhum, porque simplesmente não tiveram tempo de pesquisar.

"Enquanto não" é um obstáculo que você coloca na pista, até que ela fica tão cheia de coisas que não pode mais começar hoje. Com tantos obstáculos, hoje não é o melhor dia para começar.

O complicado é que "enquanto não" muitas vezes usa um manto de responsabilidade. Ele finge que a questão não é ser preguiçoso, e sim garantir que tudo esteja em ordem antes de começar. Seria tolice criar um ótimo sistema enquanto eu não souber que tipo de negócio vou abrir. Quando eu tiver a missão definida, o resto das peças se encaixará, mas até então seria um esforço desperdiçado.

Enquanto eu não souber por que tenho problema com comida, não posso caminhar pelo quarteirão mais rápido e por mais tempo que ontem.

Enquanto eu não souber do que se trata todo o meu livro, não consigo escrever as primeiras 100 palavras.

Enquanto eu não souber para onde irão todas as coisas de cada cômodo de minha casa, não posso esvaziar este.

Enquanto eu não escolher o objetivo perfeito, não posso trabalhar em nada. Isso é o que atrapalhou tantas pessoas durante os *30 Days of Hustle*. Um participante comentou: "Sinceramente, tenho muitas ideias e posso encontrar justificativa para cada uma delas ser 'a' ideia. Isso me faz executar várias coisas em um nível medíocre".

Enquanto eu não me livrar das distrações, não consigo fazer nada. Se acreditarmos que devemos eliminar todas as distrações antes de concluir um trabalho, nunca conseguiremos. Sempre haverá mais uma distração atraente. Nossa mente fará qualquer coisa para evitar o desafio de focar em algo.

No instante em que você sentir as palavras "enquanto não" surgirem em sua boca, cuspa-as como se fossem couves-de-bruxelas sem *bacon*. Dá para saber quanto um vegetal é nojento pela quantidade de *bacon* que se precisa acrescentar para que fique comível.

Se... então

Na área do halterofilismo, poucas coisas são tão engraçadas quanto os nobres obstáculos usados por gente que diz que não faz porque não quer ficar "muito volumoso". Essas pessoas não levantaram nem um pesinho e já estão preocupadas em ter de começar a usar aquelas calças de moletom de fisiculturista, pela musculatura que irão desenvolver. "Eu até começaria a malhar agora, mas não posso me dar ao luxo de comprar um guarda--roupa novo. Teria de tomar tantas bebidas proteicas que meus músculos chegariam ao teto."

Essas pessoas estão usando o segundo tipo de obstáculo nobre. Em vez de dizer "enquanto não", dizem "se... então".

Afirmam que, se tentarem alcançar seu objetivo, algo ruim acontecerá. Talvez se transformem em um monstro. Talvez se tornem uma pessoa má. De qualquer maneira, como são boas e sábias, simplesmente não podem se dedicar à realização do objetivo.

Muitas vezes, o segundo tipo de obstáculo nobre se manifesta nas finanças. A pessoa decide evitar uma alimentação saudável porque, se tiver de comprar alimentos saudáveis, ficará pobre. Todo mundo sabe que *fast-food* é muito mais barato que comida orgânica; portanto, para ser sábio nas finanças, você precisa deixar seu objetivo de lado. E, quando o dinheiro não é um fator, você pode usar a humildade como um obstáculo nobre: "Tentar atingir um objetivo é uma atividade solitária, portanto, um uso egoísta de meu tempo".

Você sabe que está empregando um obstáculo nobre do tipo "se... então" quando se oferecem apenas estas duas opções extremas: ou não se exercita, ou emagrece tanto que precisa comprar calças novas e tirar fotos o tempo todo com as velhas para mostrar como estão largas. Não abre uma empresa, ou desenvolve um vício em cocaína para poder trabalhar 22 horas por dia. Você não vende seu produto, ou se torna o vendedor de aspirador de pó mais detestável do mundo. Você faz uma venda de garagem complicada de mil itens, ou não varre o chão da garagem. Não existe meio-termo; só dois extremos. Essa é a terra dos obstáculos nobres.

É muito difícil

Lembre-se: o perfeccionismo não tem meio-termo; as coisas são pretas ou brancas. Ou faz algo perfeitamente, ou não faz nada.

Foi por causa de obstáculos nobres que demorei tanto para comprar um computador novo.

Ano passado, eu precisei excluir de meu *notebook* arquivos que uso quase sempre. O HD estava cheio. Não sei o que isso significa, porque, geralmente, quando recebo essa mensagem, meu computador está congestionado demais para usar o Google. Então, começo a apagar as fotos de família muito pesadas até que o Microsoft Word funcione de novo. Acho que "pesado" é o termo tecnológico correto. Desculpe-me por usar esses jargões *nerds*...

Tenho dinheiro para comprar um novo, mas fico meio intimidado de entrar na loja da Apple. Não sei mais onde fica o caixa, se é que ainda se usa isso lá. Eu me imagino andando pela loja bem iluminada, por fim gritando para alguém de camiseta colorida:

— Oi, quero comprar um computador! Este!

A pessoa responde:

— Você marcou horário com o nosso gênio do balcão?

— Não sei do que você está falando — responderei.

— Eu tenho dinheiro. Posso lhe dar o dinheiro e comprar um computador?

A pessoa dirá:

— Talvez. O que você está procurando?

Só que eu não sei. Um maior; um mais rápido.

— Qual é sua senha do iTunes? — vão me perguntar, mas eu não sei, porque crio uma nova toda vez que baixo um aplicativo já que sempre esqueço a anterior. E o gênio dirá:

— Não se preocupe. Podemos pesquisar pelo seu tipo sanguíneo, sabia?

Não sei e não tenho nenhuma informação de que ele precisa para fazer a compra e posso ver em seus olhos que vão lançar um modelo novo e melhor amanhã. Só que ele não vai me dizer isso.

Se eu lhe perguntar quando o novo modelo será lançado, ele dirá "nunca", mas isso é um código para "a data oficial de lançamento é assim que você concluir a sua compra". Pode parecer de última geração hoje, mas, na verdade, comprarei o modelo de ontem. Eu sei disso; amanhã, eles farão uma coletiva de imprensa e lançarão um modelo mais fino, com cheiro de canela, hologramas e uma tecla "escreva meu livro inteiro automaticamente".

Vou levar meu computador supostamente novinho em folha a um café, e as pessoas vão rir de mim como se eu houvesse acabado de atropelar um burrico. Isso se eu conseguir transferir minhas coisas corretamente do antigo para o novo. Quais arquivos, programas, músicas, fotos e vídeos eu quero mover? E tenho de tomar essa decisão no *shopping*, perto do Orange Julius? Eu nem conheço esse gênio, e agora ele está julgando a qualidade de minha vida nos últimos três anos com base no que estou transferindo.

— Não vejo muitas fotos de férias aqui. Não há muitos troféus nem cerimônias de premiação. Seus filhos são ativos? Talvez eles estejam fazendo algo da vida.

Também sinto que estou usando um sistema de armazenamento ruim que comecei há oito anos. É uma bola de neve gigante de arquivos, fotos e capturas de tela desde 2006. A cada cinco anos, eu apenas movo o lixo de um lugar pequeno para outro um pouco maior. É como transferir a ilha de lixo do oceano Pacífico para o Atlântico. Antes de usar meu novo computador, ele já está meio cheio de coisas de que não preciso.

Até conversei com um consultor da Apple durante um minuto. Agora que sou uma empresa, acho que devo fazer compras desse jeito. Acabei de terminar a papelada da Receita Federal há algumas semanas, mas tenho medo de que, quando eu disser "quero comprar um computador", ele me pergunte qual é meu número de inscrição na Receita. Vou dizer: "Doze! É esse mesmo? É 12? Doze é um número". Não vai ser, claro, e eu vou surtar ao perceber que, com base na péssima qualidade de meu *jeans*, eles não deveriam nem ter me deixado entrar na loja. Vou sair correndo, derrubando profissionais do iPad e gênios/fotógrafos/formandos de história medieval como peças de dominó. Acho que deveria falar com meu advogado que cuidou da papelada da Receita antes de comprar um computador.

Também não atualizo meu sistema operacional há dezoito meses. Não sei se sou o Snow Leopard ou o Roaring Tiger ou o Lazy Elephant. Fico ignorando as mensagens de "Há uma atualização do OS X disponível", esperando que meu computador se torne consciente e se conserte, mas não me mate durante a ascensão da Skynet.

Esse ninho de rato de complicações era um obstáculo nobre para mim. Eu não queria comprar um computador novo; queria comprar o computador novo perfeito, mas, em vez de contratar um cara de TI que me ajudasse, transformei toda a experiência na coisa mais complexa possível.

Eu não queria que as coisas ficassem mais fáceis — o que é lamentável, porque é exatamente nisso que os finalizadores se concentram.

Fácil não é, mas funciona

Em vez de tornar as coisas complicadas e difíceis, em vez de ceder a obstáculos nobres, os finalizadores as facilitam antes mesmo de começar.

A expressão "facilitar as coisas" parece meio que trapaça. Que bom. As coisas que fazemos e faremos neste livro sempre vão parecer mesmo.

O bom é que não precisa ser nada complexo. Não estamos falando de ideias brilhantes para facilitar as coisas. Às vezes, é simplesmente separar a roupa da academia na noite anterior, porque às 6h da manhã você não raciocina e vai desistir de ir se não encontrar as meias no escuro. Às vezes, é fazer o trabalho importante de manhã, quando você está descansado, e o resto à tarde. Às vezes, facilitar as coisas é comprar dois bichos de pelúcia iguais para seu filho para que o mundo não acabe quando ele inevitavelmente perder um em algum lugar. Às vezes, facilitar as coisas é simplesmente ter uma mangueira de radiador.

Foi isso que Jason Kanupp usou. Ele montava móveis em uma fábrica nas montanhas da Carolina do Norte. Durante oito horas por dia, montava sofás. Era bom nisso, conseguia montar oito sofás por hora. Ela recebia por sofá montado, de modo que estava sempre procurando uma maneira de facilitar as coisas para ser mais rápido.

Com o tempo, ele foi percebendo que a pior parte da montagem de um sofá era colocar os pés. Em outras partes da montagem, ele podia usar ferramentas que aceleravam as coisas, mas parecia não haver maneira de substituir o trabalho manual e rosquear os pés. Depois de algumas experiências, ele percebeu que, usando um pequeno pedaço de mangueira de radiador, uma broca e um plugue de núcleo que tirou de um motor, poderia usar uma furadeira para aparafusá-los. Com alguns ajustes simples, ele reduziu o tempo para colocar os pés do sofá em 50%.

Pode não parecer muito, mas esse truque permitiu que ele montasse dez sofás a mais por semana. Quando a empresa viu sua inovação, deram-lhe uma promoção e ensinaram todos os funcionários a fazer o mesmo. Estou brincando; disseram que não era justo para com os outros funcionários e o mandaram parar. Se você estava procurando uma nova definição de burocracia, aí está.

Frustrado, Jason não desistiu; construiu 19 engenhocas com mangueira de radiador, para que todos os seus colegas de trabalho pudessem usar também.

Jason é um finalizador e, como tal, dedicava seu esforço a uma coisa: facilitar as coisas para si mesmo. Os iniciadores tendem a ir na direção oposta, vendendo suas ferramentas nas vendas de garagem.

O perfeccionismo sempre complica e dificulta as coisas.

Os finalizadores facilitam e simplificam as coisas.

Da próxima vez que você trabalhar em um objetivo, faça as seguintes perguntas durante o processo:

1. As coisas poderiam ser mais fáceis?
2. As coisas poderiam ser mais simples?

Se Bill houvesse feito a si mesmo essas perguntas, poderia ter chegado a um acordo com sua esposa. Se realmente quisesse vender algumas coisas, poderia separar cinco itens da garagem e vendê-los no *site* do bairro.

Vender cinco coisas é muito mais fácil e simples que vender uma garagem inteira cheia de tralhas.

Tendo alcançado esse objetivo, ele poderia vender dez ou vinte da próxima vez.

Se quiser terminar as coisas, facilite.

Ainda dá tempo

O perfeccionismo lhe dirá que você passou tanto tempo no esconderijo que não dá mais tempo. Que você perdeu a oportunidade. A chance passou. Ridículo.

Na década de 1970, dois escritores montaram um roteiro para um filme. Tentaram vendê-lo com afinco, mas ninguém queria produzi-lo. Acabou ficando na prateleira de algum executivo no estúdio durante dezenove anos. A cada poucos anos, eles tiravam a poeira dele e pensavam: "Não, não é bom".

Um dia, um agente chamado Tony Krantz conseguiu. Lutou por isso. E o roteiro do filme se tornou um programa de TV, que acabou se tornando a série de maior sucesso da história da televisão.[1]

Chamava-se *ER* (*Plantão médico*). Os escritores que criaram o roteiro, quase duas décadas antes de ir ao ar, foram Michael Crichton, que escreveu o livro *Jurassic Park*, e Steven Spielberg, que o adaptou para o cinema.

Dezenove anos é muito tempo para ficar guardado em uma prateleira.

Não sei há quanto tempo você está se escondendo de seu objetivo. Talvez sejam dezenove dias, ou dezenove anos, o tempo exato não importa; o resultado ainda é o mesmo.

Você foca demais em seus filhos porque tem medo de admitir que seus objetivos também são importantes?

Você foca demais em sua caixa de entrada e se esconde, em vez de trabalhar em seu plano de negócios?

---

[1] Obra não traduzida para a língua portuguesa. [MILLER, James Andrew. **Powerhouse:** The Untold Story of Hollywood's Creative Artists Agency. Nova York: Custom House, 2016.]

Talvez você tenha acabado com os seus esconderijos, mas complicou o seu objetivo.

Sente-se tentado a aprender dois idiomas agora?

Já marchou ao falso ritmo de um obstáculo nobre?

Preocupar-se com a estratégia de marketing para o seu livro sem nem sequer ter terminado de escrevê-lo é um obstáculo nobre.

Controlar dez gramas de carboidratos sem ter se exercitado um único minuto durante o mês inteiro é um obstáculo nobre.

Pesquisar sobre o vigésimo quinto concorrente em seu setor sem nem sequer ter terminado a papelada de sua empresa na Receita Federal é um obstáculo nobre.

Os objetivos são simples, mas não são fáceis. Você precisa sair de seus esconderijos. Tem de abandonar seus obstáculos nobres. E, talvez, a maneira mais estranha de terminar um capítulo seja esta: é melhor você se preparar para matar alguns coelhos.

Ações

1. Faça as três perguntas para identificar os seus esconderijos.
2. Compartilhe os seus esconderijos com um amigo. Dê a ele a permissão e o poder de dizer quando vir que você está se escondendo.
3. Comece a criar uma lista de "próximos objetivos", para que tenha um lugar para todas as novas ideias que surgirem.
4. Encontre a sua mangueira, como Jason, o montador de móveis (ou seja, tente simplificar o seu objetivo).
5. Admita e elimine os objetivos secundários que assumiu.
6. Pergunte a um amigo próximo quais são os seus obstáculos nobres.

CAPÍTULO 6

LIVRE-SE DE SUAS REGRAS SECRETAS

A maioria das pessoas pensa que o pássaro mais idiota do mundo é o ganso-do-canadá.

Todos os anos, tenho vontade de postar no Twitter: "Querido Canadá, seus gansos saíram de novo. Por favor, venha buscá-los". Eles são como um filho de 25 anos que fica prometendo se reerguer e sair de casa. Mas, quando você o vê em um campo de golfe, constata que ele não está tentando melhorar seu currículo e deve passar o dia no Snapchat. Esses gansos ficam ofendidos quando você passa por uma estrada que eles estão a fim de atravessar a pé. Eles têm o dom de voar, então por que diabos precisam andar a pé em algum lugar?

Mas os gansos-do-canadá não são os piores; são os segundos piores.

O pássaro mais idiota do mundo é, sem dúvida, o cuco.

Quando chega a hora de botar um ovo, a mamãe cuco, totalmente irresponsável, encontra um ninho que outro pássaro já construiu. O objetivo é fazer que outro pássaro crie o filhotinho, para que ela possa focar em se reproduzir mais. Dá até para imaginar a mamãe cuco dizendo: "Não tenho tempo para criar este bebê. Este garoto está atrapalhando minha vida de balada".

As outras espécies de aves muitas vezes não suspeitam de nada. Os padrões de cores parecem semelhantes, e os pássaros não são bons em matemática, por isso o ovo a mais passa despercebido.

A incubação do cuco é mais rápida, por isso, ele tende a eclodir primeiro. Sabe qual é a primeira coisa que ele faz? Mata os outros filhotinhos. Usando suas mandíbulas afiadas e, provavelmente, palavras ofensivas, ele esmaga os outros ovos. Se os outros pássaros já nasceram, o cuco joga seus coleguinhas de ninho para fora enquanto a mãe está procurando comida.

Imagine que você é uma mamãe pássaro que acabou de pegar uma minhoca para seus quatro filhos. Você voa para casa, já muito brava porque o pai dessas crianças está sabe-se lá aonde, e, de repente, vê só três passarinhos no ninho. "Que estranho", você pensa, "juro que tive quatro filhotinhos. E por que um é tão mais rouco que os outros?"

Um por um, seus filhos morrem em consequência do *Game of Thrones* aviário. Chega um momento em que alimentar uma espécie muito maior que você se mostra muito exaustivo. Quando solta o seu suspiro de pássaro cansado, um enorme cuco paira sobre você e diz: "Obrigada". Como quando Kylo Ren matou o pai, Han Solo. Ora, você teve dezoito meses para assistir a esse filme, já conhece esse *spoiler*!

O frustrante para a mamãe cuco é que a coisa pode não terminar assim. Alguns pássaros reconhecem o ovo novo que foi colocado no ninho. Alguns jogam o cuco fora, ou tecem um ninho em cima dele para que morra, ou se recusam a chocá-lo para que nunca se desenvolva. Quebram o ciclo parasitário e criam uma família de passarinhos felizes sem que o idiota do cuco estrague tudo.

Assim que aprendi a terrível verdade sobre os cucos, comecei a bater em todos eles nos relógios de cuco que via. Eu esperava até o meio-dia, ao lado do elaborado relógio de cuco, todo de madeira, que os fãs de Thomas Kinkade ainda têm. Assim que o cuco saía, eu dava o soco mais preciso possível. O truque é amassar o pássaro sem destruir o relógio. Sou ótimo nisso agora, mas, como a maioria das especializações, levei cerca de 10 mil horas para me aperfeiçoar. Não posso mais entrar em lojas de antiguidades em Middle Tennessee.

Como você não percebe que a sua casa foi invadida por um parasita perigoso? Como não percebe a mentira? Da mesma forma que a maioria das pessoas carrega regras secretas sobre como viver a vida. Esse é o brilho do perfeccionismo.

No fundo, o perfeccionismo é uma tentativa desesperada de viver de acordo com padrões impossíveis. Nós não jogaríamos se soubéssemos que o jogo é impossível; por isso, o perfeccionismo promete que só precisamos seguir algumas regras secretas. Enquanto fizermos isso, a perfeição será possível. Assim, com o passar dos anos, à medida que você tenta alcançar seus objetivos, o perfeccionismo acrescenta à sua vida, discretamente, algumas regras secretas.

Como aquilo que disse Rob O'Neill: "Rodinhas são bobagem". Explico:

Quando aceitou o alto cargo de vice-presidente da Viacom, Rob comprou bolsas novas para todas as viagens que faria.

Ele comprou bolsas de couro caras, condizentes com um executivo de sua estatura. Como costuma acontecer com itens de luxo, as bolsas eram ótimas na aparência, mas péssimas na função. O couro era pesado, e a alça machucava seu ombro. Durante meses, ele voou entre Los Angeles e Nova York fazendo careta, mas convencido de que era assim que as coisas tinham de ser.

Uma noite, enquanto esperava uma conexão em Atlanta, viu uma passageira que não parecia tão tensa quanto ele. Pelo contrário, estava bem-vestida e praticamente deslizando pelo terminal a caminho de sua próxima reunião, puxando uma mala de rodinhas. Ela até parecia tranquila, o que não é comum no aeroporto de Atlanta, porque a maioria dos funcionários nos odeia. Naquele momento, Rob se perguntou: "Por que acho que rodinhas são bobagem?". Ele nunca pronunciou essa regra em voz alta, mas, por dentro, achava que usar rodinhas era trapacear. Viajar tinha de ser difícil, doloroso, frustrante.

Naquela semana, ele comprou uma mala com rodinhas e nunca mais olhou para trás.

Em algum momento da vida, ele havia internalizado a ideia de que usar rodinhas era trapacear. Mas não só rodinhas. A regra maior era: "para que algo conte, tem de ser difícil". Muitas pessoas de alto desempenho carregam esse tipo de regra secreta. Se algo é agradável e você se diverte fazendo, não deve contar.

Desse modo, a alegria se torna um bom indicador de que você não está se esforçando ou progredindo o suficiente.

Analisando isso, você descobre que a regra é: "se não estou infeliz, não estou fazendo algo produtivo".

Isso é tão maluco quanto um passarinho não reconhecer que há um pássaro gigantesco em seu ninho, que não se parece em nada com todos os outros filhotinhos que já teve (é como o patinho feio, que cresceu e virou um cisne; a diferença é que, neste conto, o cisne mata todo mundo).

Você tem algumas regras secretas que dificultam que conclua as coisas.

Eu também.

Uma das minhas é esta: "se não for fácil, não vale a pena fazer". Outra maneira de dizer isso é: "se tem de aprender algo novo, está fracassando".

Algumas coisas começaram rápido em minha vida. Em 2008, por exemplo, comecei um *blog* que viralizou. Nove dias depois de lançá-lo, 4 mil pessoas o estavam lendo. Foi uma experiência muito divertida, mas a regra que eu tirei disso foi: "se algo não explodir em dez dias, é um fracasso". Sou propenso a desistir de projetos quando eles não entregam uma avalanche de resultados positivos.

Durante anos, tive um ninho cheio de cucos cantando regras secretas. Parecem mais ou menos com os outros pensamentos de minha cabeça, mas, quanto mais eu os escuto e alimento, mais famintos ficam.

Depois de quase dez anos acreditando nessa regra, para mim é incrivelmente difícil aprender algo novo. Eu sinto vergonha se preciso fazer uma pergunta a alguém. Ou se tenho de admitir que não sei fazer uma coisa. Acredito que ter de aprender é fracassar. Os verdadeiros vencedores não precisam aprender. Eles simplesmente já sabem das coisas.

A pior parte é que, por natureza, gosto de aprender. Cada teste de personalidade do Planeta grita que eu gosto de experimentar coisas novas. Mas meu ninho está cheio de regras secretas, e, quanto mais eu vivo com elas, maiores elas ficam.

Também não estou sozinho nessa regra específica. Aparentemente, os pilotos de caça também têm esse problema. Jeff Orr é um instrutor de voo de F-16 que trabalha com alguns dos melhores pilotos de caça do país. Às vezes, os pilotos jovens tentam apressar a checagem de 100 itens feita a cada voo. "Alguns pilotos fazem depressa para mostrar que sabem o que estão fazendo. Têm medo de ter de se esforçar, porque isso não parecerá autêntico nem natural."

Outra regra secreta pela qual vivo minha vida é: "o sucesso é ruim".

O meu pai é um líder espiritual, e eu cresci à margem do dinheiro. Lembro-me de que ele dizia que, se alguém lhe desse um bom carro de luxo, o devolveria. Que era só metal fundido e plástico. Estávamos a léguas de distância da pobreza, mas, definitivamente, havia uma sensação de que era pecaminoso ser bem-sucedido.

Ele nem deve se lembrar daqueles poucos comentários improvisados que ele fazia sobre riqueza e sucesso, mas é surpreendentemente fácil que o menor comentário se transforme em um cuco, ou no que os psiquiatras chamam de crença limitante. Trinta anos depois de ter começado a acreditar que o sucesso era ruim, eu me vi passando essa crença limitante para minha a filha mais velha.

Mike Posner é um músico que fez um grande sucesso com uma música chamada *Cooler than Me*.[1] Escreveu a música quando era universitário e ficou surpreso com a enorme repercussão. Mas não foi fácil, como ele transmitiu na música que lançou seis anos depois, descrevendo como é ser considerado sucesso de uma música só.

Em *I Took a Pill in Ibiza*, ele canta:

[1] POSNER, Mike. **Cooler than Me.** RCA Records, 2010. Disponível em: https://www.youtube.com/watch?v=mqWq_48LxWQ.

I'm just a singer who already blew his shot.
I get along with old timers,
Cause my name's a reminder of a pop song people forgot.[2]
[*Eu sou apenas um cantor que já estragou sua chance.*
Eu me dou bem com o pessoal dos velhos tempos,
Porque meu nome é um lembrete de uma música pop *que as pessoas já esqueceram.*]

Escondida dentro dessa música *pop* feliz e contagiante está uma visão honesta do que pode acontecer na indústria fonográfica.

Eu contei isso à minha filha e esqueci o assunto, até um dia, no carro.

A música começou a tocar, e eu a ouvi comentar com a amiga: "Essa música é sobre um cara que fez sucesso e foi destruído pela fama". Ela usou a palavra "fama", mas eu reconheci o começo de um cuco. O sucesso nos destrói. O sucesso é perigoso. O sucesso deve ser evitado.

Eu nunca disse essas coisas para a minha filha. O meu pai também nunca me disse isso. Mas os cucos não precisam de muito para crescer mais do que você jamais poderia imaginar.

Em minha própria vida, os últimos oito anos foram meio difíceis por causa dessa mentira específica. Não estou sozinho nessa, muitas pessoas têm medo do sucesso. Quanto mais bem-sucedidas são, mais culpadas se sentem.

Um amigo me disse certa vez, em um jantar: "Aquele CEO da empresa de assistência médica ganha 20 milhões de dólares por ano. Como ele consegue dormir à noite?".

---

[2] Id. **I Took a Pill in Ibiza.** Island, 2016. Disponível em: https://www.youtube.com/watch?v=41GZVVcxQps.

Eu quis responder: "Provavelmente bem tranquilo, debaixo de um edredom que custa uma fortuna". Ele achava que o sucesso era ruim e que, depois de ganhar certa quantia arbitrária, a pessoa não consegue mais dormir bem. Que limite é esse? Se você ganha 5 milhões, consegue dormir à noite, mas não pode mais cochilar no domingo à tarde porque se sente culpado?

Esse cuco acaba sendo uma faca de dois gumes. Se eu fracassar, vai doer, porque fracassar não é divertido. Se eu ganhar, sentirei vergonha do sucesso e vai doer igual. Ou seja: se correr, o bicho pega; se ficar, o bicho come.

É assim que você sabe que está enfrentando um cuco: quando qualquer resultado o deixa infeliz. As costas e os ombros de Rob doíam por carregar bolsas pesadas, mas usar uma mala com rodinhas o fazia se sentir um fracasso. Não havia meio-termo.

Eu posso ensinar a você 1 milhão de estratégias e truques, mas, se o levar a um ninho cheio de parasitas, não adiantará nada.

Para enfrentar nossas regras secretas, precisamos fazer três coisas:

1. Identificá-las;
2. Destruí-las;
3. Substituí-las.

Vamos começar descobrindo quais são elas.

Quatro perguntas para acabar com suas regras secretas

O problema com as regras secretas é que são secretas. Geralmente estão enterradas bem fundo, escondidas por anos e anos de descrença. Você nem sabe que as segue.

Aquela sua amiga que tem um noivo terrível há nove anos acredita na regra secreta de que não merece coisa melhor. Aquela pessoa que odeia seu trabalho, mas não se sente qualificada para mais nada, tem uma regra secreta que diz que tem sorte de ter um emprego.

Podemos chamar isso de bagagem, crenças limitantes ou regras secretas, o nome não importa. Mas os resultados sim, e seria inútil lhe ensinar mil maneiras de concluir seus projetos se a sua regra secreta for fazer você tropeçar a um metro da linha de chegada todas as vezes.

Para acabar de verdade com as suas regras secretas, quero que você se faça estas quatro perguntas:

1. Eu gosto mesmo de _____?

Uma das regras secretas favoritas do perfeccionismo é "somente metas difíceis e sofridas contam". Essa é a regra que leva todas as pessoas que querem emagrecer a correr, quando, na verdade, queriam fazer zumba. Mas não é apenas no exercício físico que vemos essa regra em jogo. Ela influencia nossas escolhas de carreira também. Ser meteorologista não é fácil. Além da natureza inconstante do clima e dos dados que você deve interpretar, não há muitas vagas no mercado. Em qualquer cidade, há menos de uma dúzia de vagas para talentos meteorológicos. Quando um meteorologista faz sucesso na TV, geralmente fica ali durante décadas, efetivamente impedindo que outras pessoas subam essa escada. Charlie Neese sabia que era sortudo por ter um emprego em Nashville e havia conquistado respeito ao longo dos anos. Ele gostava de dar a previsão do tempo para os espectadores, mas começou a perceber que não gostava de muitas outras responsabilidades. Era difícil perder os jogos de futebol do filho porque trabalhava todo fim de semana. Cuidar da previsão do tempo à noite e de manhã cedo também dificultava o relacionamento com sua esposa. Mas ninguém abandona um ótimo emprego, especialmente em um mercado popular como Nashville. Quanto mais Charlie se fazia a pergunta: "Será que eu gosto de ser meteorologista?", mais ouvia a resposta "não". Acabou deixando a emissora, apesar do choque de colegas de trabalho e fãs, e passou a mexer com imóveis. Sua família está feliz, ele está feliz e é ótimo em seu novo trabalho. Como eu sei? Ele vendeu nossa casa em questão de dias. Não espere para ser honesto consigo mesmo se perceber que não gosta mais do que está fazendo. Não deixe que o perfeccionismo o mantenha preso.

2. Qual é o meu verdadeiro objetivo?

O verdadeiro objetivo de Rob era viajar com conforto. Sendo um executivo bem-sucedido de 50 anos, impressionar estranhos com suas malas não lhe importava. Mas, como dissemos, o perfeccionismo adora nos distrair, e que maneira é melhor que confundir seu objetivo real com algumas regras secretas falsas? Durante as pesquisas para este livro, regras secretas ficavam vindo à tona, especialmente relativas às metas de emagrecimento. Uma mulher me disse: "Eu tinha uma meta de peso que buscava constantemente, e isso me deixou louca". Sua regra secreta de que ela não seria bem-sucedida se não chegasse a esses quilos que eram seu objetivo a assombrou por tanto tempo que finalmente desistiu e precisou descobrir o que realmente queria. Não era o número que ela queria. "Eu queria saúde. Queria evitar o diabetes, doenças cardíacas e tudo o mais que minha mãe tinha. Isso me forçou a ser honesta sobre minha saúde, o que me obrigou a pesquisar como reverter alguns danos que havia causado." Chegar ao cerne da meta permitiu que ela conectasse seu coração aos resultados. Seu peso caiu enquanto ela trabalhava na troca de maus hábitos por bons.

Se você não está animado com o seu objetivo, pergunte-se: "Qual é o meu objetivo de verdade?". Tenha certeza de que aquilo que você está perseguindo é realmente o que quer obter. À medida que progredir com seu objetivo, volte a se fazer essa pergunta, porque é muito fácil sair da pista, apesar de suas melhores intenções.

Kristi Duggins captura sucintamente o que pode acontecer no caminho, descrevendo como se sentiu quando o seu objetivo se transformou em um negócio. "Adoro fazer coisas. Abri uma loja Etsy; deu muito certo, mas comecei a odiar fazer coisas. Então, vendi a loja e voltei a aproveitar as coisas." A regra secreta de Kristi era que ela tinha que vender as coisas que criasse. Simplesmente fazer as coisas não era suficiente. O fascinante é que seu objetivo não fracassou. Não foi o fracasso que tornou difícil manter o cerne de seu verdadeiro objetivo: foi o sucesso. A loja não deu certo, deu "muito certo". Quer diante de lombadas, quer de valetas, não se permita perder seu norte. O divertido dessa abordagem é que saber qual é o seu verdadeiro objetivo abre um leque de métodos para alcançá-lo. Em vez de pensar estritamente que você deve escrever um livro de memórias porque essa é sua regra, lembre-se de que o seu objetivo é "compartilhar a sua arte". E existem mil maneiras de concluir isso.

3. **O método que estou usando corresponde a quem eu sou?**
Uma regra secreta muito comum é "meu talento natural não conta". Se algo vem fácil ou confortavelmente, não deve ser bom. Por que o perfeccionismo dita essa regra? Porque, se acreditar que as coisas que vêm naturalmente são trapaças, você estará condenado a buscar objetivos difíceis e certamente desistirá. É como dizer a um peixe para viajar um quilômetro sem nadar. No início deste livro, confessei que só fiz seis dias do programa P90X de 90 dias. Seria fácil supor que, usando os atalhos deste livro, eu voltei e terminei os outros 84 dias. A verdade é que, embora os princípios tenham me ajudado a terminar as coisas com muito mais frequência, nunca concluirei esse programa. Não porque eu seja preguiçoso, mas porque gosto de exercícios em grupo. Gosto da responsabilidade de fazer parte de uma classe. Gosto da camaradagem de acordar cedo e saber que outras pessoas vão acordar também. Gosto de que meu treino seja planejado por um especialista que grita palavras de incentivo para mim quando sinto vontade de desistir. Gosto da competição saudável que existe quando malho com amigos. Eu achava que era um fracasso em atividade física porque não havia terminado o P90X, mas acontece que eu estava usando o

método errado. Quando entrei na Orangetheory, onde faço uma hora de circuito com alguns amigos, fiquei em ótima forma. Vou com gente do meu bairro, e aí está atendido o quesito responsabilidade. Uso um monitor de frequência cardíaca durante a aula, e todas as minhas estatísticas são exibidas em TVs que todos podem ver. Essa é a parte da competição. Um treinador me orienta em cada exercício, incentivando-me a fazer melhor. Aí está a motivação. Isso atende a todas as minhas necessidades; consequentemente, tenho ido regularmente nos últimos doze meses. O programa P90X é incrível, mas não fui feito para malhar sozinho na sala de minha casa sem nenhum *feedback*. Já meu amigo Jason está encerrando sua terceira rodada do P90X. Esse é o método que funciona para ele. Se você não está encontrando muita alegria em seu objetivo, assegure-se de usar um método que reforce seus pontos fortes. Se tentar atingir o objetivo certo da maneira errada, acabará no lugar errado.

4. É hora de desistir?

"Vencedores nunca desistem!" pode ficar bem em um *banner*, mas, na verdade, é uma mentira e uma regra secreta perigosa. A verdade é que há certas coisas que você não pode aprender enquanto não as experimentar. Talvez precise correr um mês ou dois antes de decidir se gosta ou não. Talvez precise tentar escrever um romance por um tempo antes de poder dizer com certeza que encontra alegria nisso. Talvez precise montar um plano de negócios para ter uma ideia do que realmente implica abrir uma loja de especiarias em sua cidade. E, quando fizer isso, enfrentará o desafio de descobrir se é algo de que realmente gosta. A parte do meio de qualquer objetivo é difícil e desconfortável. Como você sabe se o que está experimentando é um desagrado genuíno porque escolheu o objetivo errado, ou só a frustração normal que se encontra no meio de um objetivo? Laura Murphy-Rizk enfrentou essa questão na faculdade de direito. Ser advogada era seu sonho, e ela tinha razões incrivelmente nobres para isso. Queria ser lobista para poder ajudar a mudar a legislação, o financiamento e a pesquisa sobre o câncer. Sua avó, sua tia e três primos morreram antes dos 50 anos. "Eu achava que, se não fizesse isso acontecer, decepcionaria minha família também." Ela fez três semestres da faculdade de direito, "mas a verdade é que eu odiava. Eu me agarrava de tal maneira ao meu sonho que estava me tornando uma pessoa infeliz, e fazendo infelizes todas as pessoas ao meu redor". A escolha de uma carreira implica muita pressão. É um grande objetivo que muitas vezes se confunde com as expectativas da família. Laura finalmente desistiu e, dez anos depois, está muito mais feliz por isso. Uma das regras secretas favoritas do perfeccionismo é "os vencedores nunca desistem". Claro que desistem! Normalmente, as pessoas desistem de coisas idiotas. Em momentos como esse, é importante receber conselhos sábios de pessoas em que você confia. Muitas vezes, estamos tão envolvidos em nossas regras secretas que temos dificuldade em ver que desistir pode ser a melhor opção para nós. Atingir uma meta que você odeia não é uma vitória.

Dedique alguns minutos a responder honestamente a essas perguntas. Não é o exercício mais fácil do livro, porque algumas das suas regras secretas podem estar enraizadas em você há anos. Talvez tenha acreditado em seu pai quando ele lhe disse que você nunca ganharia dinheiro fazendo o curso de artes. Talvez um ex-namorado tenha feito um comentário sobre sua aparência que se transformou em uma regra secreta que você ainda vive toda vez que se olha no espelho. Ou talvez você acredite em uma regra secreta muito comum que diz que seu trabalho não conta, a menos que o faça sozinho.

Empréstimo do diploma de outra pessoa

Como eu disse antes, um dos principais objetivos do perfeccionismo é nos isolar. É mais fácil acreditar em mentiras e seguir regras secretas quando você não tem uma comunidade que lhe diz a verdade e o alerta sobre essas regras.

Para separá-lo do rebanho, o perfeccionismo lhe dará uma regra secreta muito popular: "você tem de fazer tudo sozinho".

Isso sempre me faz lembrar de crianças. Elas preferem cair da escada a segurar nossa mão, pois querem fazer tudo sozinhas, "porque já são grandes"!

Acabamos nos tornando crianças adultas quando recusamos a ajuda das pessoas e acreditamos na mentira de que procurar ajuda é um sinal de fraqueza.

Jessica Turner é uma escritora que não acredita nisso. Ela ia fazer um *webinar* para uma equipe de vendas para a qual eu já havia feito um. Então, me ligou e me entrevistou. Eu aprendi muito e cometi alguns erros. Por exemplo, se quiser que as pessoas apareçam em seu *webinar*, tem de mandar *e-mails* para elas duas vezes no dia: três horas antes e cinco minutos antes de começar. Você sabia disso? Eu com certeza não, até que aprendi com Lewis Howes. Fiz isso, e a participação no *webinar* seguinte que fiz aumentou drasticamente. Passei essas informações para Jessica. Se você não tiver alguma informação, outra pessoa deve ter, e a dará a você se pedir do jeito certo.

Eu chamo isso de "empréstimo do diploma de outra pessoa", e não é uma técnica particularmente nova. O ator Will Smith fez isso décadas atrás e provavelmente deve um agradecimento à Receita Federal por isso.

Quando ele tinha 19 anos, era *rapper* e estava em turnê pelo país. A Receita lhe pediu 2,8 milhões de dólares. Não sei se eles fazem isso por meio de um telefonema, carta ou telegrama animado, mas, sem dúvida, é algo assustador para um adolescente.

Mas não era uma doação que a Receita estava pedindo, e sim o pagamento de impostos atrasados. Smith não tinha dinheiro. Seus pais eram divorciados, de classe média; seu pai trabalhava sete dias por semana para administrar uma empresa de refrigeradores, e sua mãe trabalhava no conselho escolar. Um desentendimento com a Receita Federal teria paralisado a maioria das pessoas, mas Smith começou a reunir novas informações no meio dessa temporada.

Dois anos depois, quando ele se preparava para se mudar do oeste da Filadélfia para Los Angeles para seu primeiro programa, seu empresário, James Lassiter, disse:

— Ouça, se vamos para Los Angeles, precisamos de um objetivo.

— Quero ser o maior astro de cinema do mundo — respondeu Smith.

A transição de *rapper* para ator não aconteceria por acaso.

A frase em si não é tão especial. Mil pessoas por semana vão de ônibus do Centro-Oeste para Hollywood dizendo isso. Smith também tinha poucas evidências de que daria certo. Ainda não era um ator de sucesso; era um *rapper* de 21 anos cujo maior sucesso havia sido um *rap* insosso chamado *Parents Just Don't Understand* [Pais simplesmente não entendem]. Portanto, não foi o objetivo que separou Smith de outros aspirantes a estrelas. Foi o que aconteceu depois.

Lassiter fez algumas pesquisas e apresentou uma lista dos dez filmes de maior bilheteria de todos os tempos. Isso não foi difícil. Alguém já havia sido o maior astro do cinema do mundo. "Observamos todos e dissemos: Muito bem, quais são os padrões?", contou Smith.

"Percebemos que dez em cada dez filmes tinham efeitos especiais. Nove em cada dez tinham efeitos especiais e criaturas. Oito em cada dez tinham efeitos especiais, criaturas e uma história de amor."

Isso parece muito simples de fazer, não é?

Mas não há como planejar uma carreira cinematográfica de vinte e cinco anos, no ramo mais instável do mundo, com uma lista dos dez melhores filmes à qual todos têm acesso. Não é suficientemente sofisticado. Precisa ser mais difícil que isso. Pelo menos é o que pensamos, até vermos a lista dos seis filmes de maior sucesso de Will Smith.

1. *Independence Day*: efeitos especiais, criaturas, história de amor; 817 milhões de dólares brutos em todo o mundo.
2. *Esquadrão suicida*: efeitos especiais, criaturas, história de amor; 746 milhões de dólares brutos em todo o mundo.
3. *Hancock*: efeitos especiais; 624 milhões de dólares brutos em todo o mundo.

4. *Homens de preto 3*: efeitos especiais, criaturas, história de amor; 624 milhões de dólares brutos em todo o mundo.
5. *Homens de preto*: efeitos especiais, criaturas, história de amor; 589 milhões de dólares brutos em todo o mundo.
6. *Eu sou a lenda*: efeitos especiais, criaturas (história de amor, se contarmos o cachorro); 585 milhões de dólares brutos em todo o mundo.

Por que Smith acredita no poder de pedir emprestado o diploma de outra pessoa? Ele tem 4 bilhões de razões.

Fazer isso garante o sucesso? Não. *As loucas aventuras de James West* foi um fiasco. Mas, na maioria das metas, a questão não é ganhar o tempo todo, e sim ganhar mais que perder. Não estamos visando à perfeição. Basta ganhar mais hoje que ontem e repetir tudo amanhã. Se seis dos 24 filmes nos quais você estrelou faturaram mais de 4 bilhões de dólares, você pode fazer mais filmes por muito tempo, mesmo que alguns sejam um fracasso.

Nunca aceite a regra secreta de que você tem de fazer tudo sozinho. Não deixe que o perfeccionismo o isole.

Encontre alguém com um diploma incrível e peça-o emprestado.

Saber é apenas metade da batalha

Saber quais são suas regras secretas é um ótimo começo de conversa, mas não é a conclusão.

O que fazer depois de identificá-las? Qual é o melhor próximo passo?

Destruí-las.

A primeira coisa que você deve fazer é simplesmente perguntar "O que isso significa?" a cada regra secreta que encontrar.

Por exemplo, se eu escrevesse a regra "O sucesso é ruim", escreveria a pergunta: "O que isso significa?".

Aí, eu teria de responder.

Eu diria: "O sucesso é ruim, o que deve significar que o fracasso é bom. Fracassar é o melhor. Vencer é terrível, e a única maneira de saber que estou indo bem é fracassando. Se eu conseguir perder dinheiro, engordar e bater meu carro, terei um ano muito mais animado".

Essas frases são imbecis, mas este é o objetivo: ver como sua regra falsa é ridícula.

O perfeccionismo persiste se não o questionarmos. Uma pergunta bem formulada é uma explosão de água em uma barragem que precisamos romper. É encarar o padrão impossível contra o qual temos vivido e afastá-lo. É como espiar por trás da cortina em *O mágico de Oz*. Com a fumaça, o trovão e a produção, parece que há mesmo um gigante guerreiro por trás de tudo. Mas, se fizéssemos algumas perguntas, descobriríamos que há apenas um velho fraco e assustado comandando o espetáculo.

A segunda pergunta a ser feita é "Quem disse?". Você ficaria surpreso ao ver quantos cucos essa pergunta choca. Em muitas situações, a resposta será "ninguém". Ninguém disse que tem de ser tudo tão difícil, mas, quando acreditamos em um cuco, agimos como se alguma autoridade houvesse afirmado a regra.

Às vezes, a resposta a "Quem disse" é mais profunda, porque o perfeccionismo é um esporte coletivo. Você ouvirá pessoas bem-sucedidas admitirem que trabalham tanto porque estão tentando provar seu valor ao pai. Em muitos casos, o pai faleceu há anos, e a pessoa está discutindo com um fantasma. Se elas parassem e perguntassem "Quem disse?", perceberiam que é inútil se matar por alguém que jamais saberia disso.

Uma amiga tinha dificuldades de se engajar em seu casamento porque sua mãe lhe havia dito que sua independência era a única coisa importante. Sua mãe havia se divorciado e perdido tudo, portanto a regra secreta que passou para a filha era "nunca seja vulnerável, para não se machucar". Minha amiga amava o marido, mas só até achar que estava se doando demais. Quando ela perguntou "Quem disse?", percebeu que estava vivendo sua vida pautada pelo medo de sua mãe.

O terceiro passo para se livrar de uma regra secreta é escrever uma nova regra para substituí-la.

A minha seria "sucesso é bom".

A sua pode ser "posso estar em forma e ainda ser modesta". Pode parecer engraçado, mas essa era uma das batalhas de Ingrid Griffin. Ela dizia: "Eu saboto meus objetivos físicos porque 'ser magra é ser piranha' e ser meio gorduchinha é 'mais humilde' ".

Ela sabe muito bem que isso é insano. Imagine você sentado diante de um Big Mac e dizendo: "Sou muito humilde. O molho secreto é o que contém mais humildade. O molho *ranch* é o menos arrogante de todos".

Anote suas regras secretas, responda à pergunta "O que isso significa?" e, a seguir, escreva uma nova regra, flexível, razoável e saudável baseada na verdade.

A cabeça e o coração

Li mais livros sobre metas do que alcancei metas. Isso deve ser um sinal de alguma coisa, e não boa.

O problema de muitos livros é que falam só à cabeça. Dizem coisas mecânicas que você deve fazer e o tratam como um robô insensível que marchará pelos objetivos com eficiência e praticidade. Não levam em conta as regras secretas que guardamos no coração; regras que nosso cérebro muitas vezes jamais avaliou conscientemente.

Não levam em conta que você se convenceu de que estar em forma é ser piranha.

Essa é uma regra totalmente maluca, mas bem recebida pelo coração, onde muitas vezes guardamos julgamentos prejudiciais por causa de nosso passado.

Rob O'Neill administra dezenas de milhões de dólares para a Viacom, mas não achava que podia ter uma mala confortável.

Essa é uma regra totalmente maluca, mas bem recebida pelo coração, onde o perfeccionismo nos engana para tornar nossa vida difícil.

Durante anos, meus filhos imploraram que eu escrevesse uma história para eles, mas eu achava que não conseguiria, a menos que a ilustrasse também.

Essa é uma regra totalmente maluca. Sabe uma coisa que eu não sei fazer? Ilustrar. Por isso, nunca terminei a história. É no coração que nosso perfeccionismo nos impede de agradar as pessoas a quem amamos.

Nossa cabeça, muitas vezes, não está ciente das regras secretas de nosso coração — regras que o perfeccionismo gravou em nós. Se não nos analisarmos com atenção e gentileza, pensaremos que nossos fracassos se devem à nossa preguiça ou a uma estratégia ruim, quando, na verdade, são causados pelas regras secretas que nos impedem de terminar o que começamos.

Essas regras são insanas e o deixarão louco se você não lidar com elas.

Mate as suas hoje. Elas estão fazendo mal ao seu coração. Alcançar seu objetivo será muito mais fácil se não ficar ouvindo regras secretas. Na verdade, você terá espaço na vida para o que vamos explorar a seguir.

Ações

1. Procure algumas regras secretas e anote-as (isso levará certo tempo, pois você perguntará à sua cabeça coisas que podem estar ocultas).
2. Escreva a verdade ao lado de cada regra secreta. Para encontrá-la, pergunte: "O que isso significa" e "Quem disse?".
3. Crie uma nova regra para substituir a antiga.
4. Peça a um amigo para ajudá-lo a ver quando você está vivendo de acordo com uma regra secreta.

CAPÍTULO 7

USE DADOS PARA COMEMORAR SEU PROGRESSO IMPERFEITO

Uma semana depois da Páscoa, perguntei ao meu amigo que trabalha em uma igreja como havia sido a celebração — a Páscoa é como o Super Bowl das igrejas. E a sua resposta me surpreendeu.

— Foi bom. A música era ótima. A participação foi grande, mas perdemos alguns animais.

— Como assim, perderam alguns animais? Fugiram?

— Não, morreram.

Na Páscoa, a igreja de meu amigo decidiu montar um zoológico, como na Bíblia. Infelizmente, os voluntários da igreja ajudavam bem em muitas coisas, mas não sabiam nada sobre o cuidado de um zoológico improvisado.

O primeiro animal a morrer foi um coelho. Aparentemente, uma criança de 3 anos pulou sobre um fardo de feno e pousou em cima do bichinho. Os coelhos têm ossos muito pequenos e não sabem luta livre. São bons em algumas atividades físicas, mas não em outras.

O segundo animal a ir para a casa de Jesus naquela Páscoa foi um pato. Um garotinho o abraçou com muita força pelo pescoço.

Meu amigo não precisou que ninguém lhe dissesse que esses dois momentos haviam sido fracassos. Estava ciente de que haviam pisado na bola. O engraçado sobre o fracasso é que a informação corre depressa. Você sabe quando pisou na bola.

O progresso, por outro lado, é silencioso, sussurra. Mas o perfeccionismo grita o fracasso e esconde o progresso.

Essa é a razão pela qual dados podem fazer uma grande diferença. Os dados nos ajudam a ver além das alegações do perfeccionismo de que não estamos chegando a lugar nenhum e a comemorar nossas conquistas.

Sem dados, o progresso praticamente desaparece. É o que eu chamo de "efeito vela".

Quando você acende uma vela em uma sala escura sem janelas, os efeitos são imensos. Passar da escuridão completa para a luz é um progresso substancial. A diferença é óbvia e imediatamente sentida. Acender uma segunda vela também tem um grande efeito, mas não tão grande. A terceira vela ainda é impressionante, mas não tanto. Essa diminuição continua até que o impacto de uma nova vela é quase imperceptível. A décima quinta vela mal seria registrada na escala de brilho.

Queremos que nossos objetivos tenham juros compostos, não retornos decrescentes. Esperamos que, a cada conquista, o progresso cresça e o impulso aumente, mas raramente é assim que as coisas acontecem.

Vejamos uma corrida, por exemplo. O efeito vela entra em jogo no quesito tempo. Se você se esforçar muito e aumentar sua velocidade de 5 quilômetros por hora para 6,5 quilômetros por hora, passará de 1,6 quilômetro a cada 20 minutos para 1,6 quilômetro a cada 15 minutos. Isso é um grande progresso, e tudo que você fez foi aumentar a velocidade em 1,5 quilômetro por hora. No entanto, se melhorar de 14,5 quilômetros por hora para 16 quilômetros por hora, você não diminuirá 5 minutos de seu tempo por quilômetro. Diminuirá 40 segundos. A taxa de melhora cai mais de 80%.

O mesmo vale para comer bem. Digamos que você queira comer de forma saudável seis dias por semana e tirar um dia de folga. Isso significa que, em um cálculo padrão de refeições, você precisaria comer bem em 18 refeições todas as semanas. Quando come bem na primeira refeição, cumpre 1/18 da meta. A segunda corresponde a 1/9. A terceira, a 1/6. Que progresso! Mas, quanto mais alto você chegar na contagem, menos acentuado será o progresso. Se chegou a 13 ou 14 refeições, não muda muito a escala. Os grandes ganhos já ocorreram.

O perfeccionismo usa esses níveis cada vez menores de sucesso como prova de que as coisas não estão indo bem. Lembre-se: no meio de um objetivo, o perfeccionismo tenta nos convencer de que os resultados não são bons o bastante e de que devemos desistir. Que melhor maneira de nos desencorajar que apontar nosso progresso congelado?

Quero que você tenha dados porque, quando o perfeccionismo ficar mais alto no meio de seu objetivo, você terá um pedaço de papel com a verdade escrita nele.

O perfeccionismo odeia dados. Sabe por quê? Porque as emoções mentem, mas os dados não.

Nossas emoções podem nos dar uma impressão completamente falsa de determinada situação.

Para saber se isso é verdade, veja todas as preocupações que você já teve. Todas se tornaram realidade? Todos os seus medos e ansiedades se concretizaram? Foi útil que seu cérebro não o deixasse dormir à noite e você ficasse pensando em alguma bobagem que disse quatro anos atrás? Todos os fracassos que o preocupavam afetaram sua vida?

Claro que não. No meio da noite, as emoções são mais intensas. Você fica pensando milhões de vezes no motivo de o seu chefe querer falar com você amanhã, e nunca é uma coisa boa, sempre terrível.

Em momentos como esse, nossas emoções se agitam e nos contam histórias loucas.

Mas os dados, não.

Os dados cortam todo o ruído.

Calam a desordem.

Cortam todas as distrações, desesperanças e qualquer outra coisa que atrapalhe seu caminho agora.

E deixam você com tudo de que precisa para tomar uma boa decisão no dia seguinte.

Os dados são isto: um presente do ontem que você recebe hoje, para tornar o amanhã melhor.

Para aproveitar ao máximo os dados, precisamos entender como eles podem nos ajudar, por que os odiamos e como usá-los.

Os dados nos levam além do desânimo

Jason Bartlett queria perder 18 quilos. Seu trabalho sedentário — ele era farmacêutico — facilitava o ganho de peso. Ele sabia que estava acima do peso, mas o Dia de Ação de Graças foi o que realmente o levou ao limite. Bem, não exatamente o Dia de Ação de Graças, mas a avó de sua esposa nesse dia. Quando ele entrou no quarto dela na casa de repouso, vovó Betsy tirou os olhos de seu livro e disse simplesmente: "Jason, você engordou".

Velhos e crianças pequenas sempre dizem a verdade. Nós apenas reagimos educadamente.

Embora 18 quilos pareçam muito — afinal, Jason estava tentando perder o peso correspondente a uma criança de 5 anos —, não era impossível, porque ele já havia feito isso antes. Como a maioria dos seguidores de dietas, essa não era sua primeira tentativa.

Infelizmente, aos 44 anos, esses quilos a mais pareciam mais persistentes. Recusavam-se a ir embora, apesar de oito semanas de esforço. Ele contratou um *personal trainer*, passou a correr mais, tomava cuidado com o que comia, mas, todas as manhãs, a balança se recusava a ceder ao menos 100.

Esse é o momento em que a maioria das pessoas se preocupa primeiro em revisar o progresso. Quando atingir o objetivo demora demais, quando o resultado desejado é arredio, ficamos desanimados.

A dieta não está funcionando. A promoção não vem. O livro não está se desenvolvendo na velocidade que você preferiria.

O perfeccionismo apontará isso e sugerirá que esse pode ser um bom momento para desistir. Afinal, era um objetivo imbecil. Por que eu queria isso? Não estou fazendo um progresso perfeito, portanto não devo estar fazendo nada. E desistimos, mas porque não analisamos o progresso da maneira correta.

Quando as coisas não estão indo bem, não é hora de desistir. É hora de se reorientar e fazer ajustes. "Ajustes?!", grita o perfeccionismo. "Se precisa de ajustes, é melhor desistir!" Não ouça. É hora de olhar para seu GPS e ver como está seu ritmo, sua rota e se ainda está indo na direção certa. É hora de ajustar os próximos quilômetros com base no que você aprendeu sobre seu ritmo nos primeiros.

Se eu estivesse na lateral da pista, observando todos os corredores, poderia gritar para você: "Como está indo a corrida?".

Se você respondesse: "Não faço ideia! Não sei a que velocidade estou, quantos quilômetros faltam, nem aonde ir. Mas vou correr mais rápido para resolver esse problema", eu diria que você é burro.

Se não revisar seu progresso, você não poderá fazer ajustes. Não poderá aprender com os erros. Não poderá melhorar e, finalmente, não poderá terminar.

O perfeccionismo não quer que você analise seu progresso. Talvez diga que você não precisa disso. Que pessoas mais inteligentes não precisam de mapas, medições nem dados. Ou pode dizer que você vai se assustar com o que encontrar. Durante um ano, eu não analisei os dados sobre as vendas dos meus livros porque tinha medo do que poderia descobrir. No limite mais extremo desse problema, estão as pessoas que se recusam a ir ao médico porque têm medo de descobrir que talvez estejam gravemente doentes.

Por mil razões, isso não faz sentido.

Nós rimos dos hamsters que ficam girando naquelas rodas de metal; dão tudo de si, mas não vão a lugar nenhum. Mas isso não importa, porque eles têm cérebro de hamster. Eles não estão tentando terminar nada. No máximo, estão tentando executar aquele movimento indescritível que faz a roda girar tão rápido que ele pode fazer um giro de 360 graus. Aposto que as meninas hamsters adoram isso.

Você é mais esperto que um hamster. Há uma afirmação positiva para você. Grave isso em uma caneca.

Você pode não estar em uma roda, mas, se ignorar para onde está indo, provavelmente ficará desanimado e não terminará.

Nunca jogue golfe à noite

A frustração de Jason com seu lento progresso para perder 18 quilos era falsa. Bem, a frustração era verdadeira, mas a causa não. Ele desanimou porque, da vez anterior, havia sido muito fácil emagrecer. Os quilos desapareceram rapidamente, ao contrário desta vez.

Só que ele não tem dados para comprovar isso; apenas lembranças, sensações e a papagaiada do perfeccionismo. Não acompanhou o esforço que fez da última vez. Não tem nenhuma informação verídica para revisar. Vários estudos mostram que os relatos de testemunhas oculares às vezes são incrivelmente incompletos. Poucos momentos após um crime violento, as testemunhas vão lembrar que o sujeito definitivamente tinha bigode. Ou definitivamente não. Era alto e usava um longo casaco preto. Ou era baixinho e não tinha casaco nenhum.

Nossas lembranças são constantemente editadas e, portanto, não são confiáveis. E os sentimentos não são muito melhores. É provável que, da primeira vez que ele perdeu esse peso, tenha sido muito difícil. Deve ter havido momentos difíceis, em que ele lutava para respirar na bicicleta ergométrica. A balança nem sempre mostrava resultados naquela época, mas seus sentimentos contam outra história.

Se alguém não consegue se lembrar com precisão de um momento como um assalto, por exemplo, um dia depois que aconteceu, por que confiamos em nossas lembranças de eventos que ocorreram meses ou anos atrás?

Se Jason houvesse usado mais dados além dos da balança, poderia silenciar a voz duvidosa do perfeccionismo que se insinuava na revisão de seu progresso.

Veja dados que ele não usou:

Tamanho da calça;
Tamanho da camisa;
IMC;
Número de vezes que correu;
Número de quilômetros que correu;
Número de vezes que malhou com o treinador;
Diário alimentar.

Alguns desses dados teriam mostrado progresso, como o tamanho da calça, ao passo que outros teriam provado o processo, como o número de vezes que correu.

Mas, como a maioria das pessoas que tentam atingir um objetivo, ele não deixou dados suficientes para o futuro.

Já que você decidiu coletar alguns dados, vamos ver o que acontecerá quando os revisar — ou por que nunca deve jogar golfe à noite.

O que eu mais gosto no golfe é não jogar.

Atualmente, jogo uma vez a cada dois anos, ou sempre que passamos o Dia de Ação de Graças com a família de minha esposa. Uma vez, errei 19 bolas durante uma partida de 18 buracos. O tio de Jenny agora me traz sacos de bolas que foram retiradas do fundo das lagoas, para me zoar.

Ano passado, ele não trouxe tacos para me emprestar; só um punhado de ferros retorcidos, como se houvessem sido pisoteados. Existe algo mais elegante do que chegar no clube de golfe e entregar seu saco de tacos ao cara do carrinho? "Cuidado com isso, filho; é uma de minhas melhores gravatas."

Não sou bom no golfe, e você também não seria se só treinasse à noite. O jornalista Matthew Syed observou em seu livro *O princípio da caixa-preta* que não é bom jogar à noite se você quiser melhorar. Ele escreveu:

> Suponha que, em vez de treinar à luz do dia, você treine à noite, no escuro. Nessas circunstâncias, pode treinar dez anos ou dez mil anos sem melhorar nada. Como poderia melhorar se não tem ideia de onde a bola caiu? [...] Você não teria nenhum dado para melhorar a precisão de suas tacadas.[1]

Todos nós julgamos as pessoas que jogam golfe à noite e não damos nossos números de telefone de verdade. Mais um patrocínio do Google Voice.

A razão de os acharmos tão tolos é que, apesar de todos os seus esforços, nunca vão melhorar. Podem passar todas as noites no escuro tentando jogar perfeitamente, mas não vão melhorar, porque, assim que a bola saísse do pino, desapareceria.

A maioria das pessoas tenta atingir seus objetivos dessa mesma maneira. No instante em que alguma ação nossa sai de nossas mãos, desaparece, perdida em algum lugar na agitação do dia.

Quantos centímetros de abdome perdemos durante nossa dieta? Que percentual de gordura corporal? Quantas horas treinamos esta semana? E na semana passada? Quanto nosso salário aumentou nos últimos três anos? Quantas palavras escrevemos neste verão? E no verão passado? Quanto dinheiro economizamos para as nossas próximas férias? Nosso progresso neste objetivo é diferente do último?

Você acha que é por acaso que os cassinos não colocam relógios nas paredes nem têm muitas janelas? Eles sabem que,

---

[1] SYED, Matthew. **O princípio da caixa-preta.** São Paulo: Objetiva, 2016.

sem esses dados referenciais, é mais provável que você jogue durante mais tempo. Sem saber a hora, ou que o dia virou noite, é fácil se perder no que se está fazendo. Até o lema deles sugere perfeccionismo: "O que acontece em Vegas, fica em Vegas". Como se você pudesse ter um fim de semana desastroso em Las Vegas e sua vida real em casa continuasse perfeita, sem nenhuma consequência da viagem.

Quando você joga golfe no escuro, está propenso a cometer muitos erros.

Numa sexta-feira, minha equipe lançou as vendas de um novo curso *on-line*. Foi o primeiro dia para as pessoas poderem comprar, e tínhamos 1.200 na lista de pré-inscrições. Isso significava que poderíamos mandar *e-mails* para mais de mil pessoas que expressaram interesse no curso. Isso é o que se chama de "*lead* quente" em termos de vendas.

Conhecendo esses números, que tipo de resposta você esperaria? Vamos chutar alguns dados, já que é isso que você precisa fazer quando joga golfe à noite sem nenhum número real. Se vendêssemos o curso para 10% do público, isso significaria que 120 pessoas o comprariam. Talvez isso fosse muito agressivo; mas 5% ainda significariam 60 pessoas. Comecei a avaliar os números e fiquei muito animado com as possibilidades. Felizmente, os dados vieram em meu socorro.

Meu funcionário do setor de mídias sociais, Bryan Allain, mandou-me uma mensagem dizendo: "Só para alertar, nunca vimos uma conversão melhor que 0,4% em nossos *e-mails* das sextas-feiras. Nosso lançamento inicial foi o melhor, 55 vendas em 13.900 *e-mails*. Fevereiro teve 16 vendas, maio 26, setembro 11. Portanto, por esses números, devemos esperar cinco vendas hoje dos 1.200 pré-inscritos".

Essa mensagem me deu equilíbrio quando acabamos vendendo apenas quatro cursos naquele dia. Sem os dados, eu poderia ter pensado que estávamos fracassando. Eu teria ficado desanimado com o terrível resultado; mas, com alguns dados, eu sabia que estávamos no caminho certo. Não deixei o perfeccionismo me dizer que havia sido um desastre.

Os dados dizem a verdade e facilitam as coisas para nós. Por que não os usamos, então?

Dados são terríveis

Se você não checar seu saldo, não verá que está sem dinheiro e não se sentirá mal. Portanto, a solução para se sentir bem é ignorar seu saldo bancário. E a balança. E o médico. E a garagem lotada de tranqueiras. E os problemas de seu casamento.

Como eu disse antes, o perfeccionismo é uma tentativa desesperada de viver de acordo com padrões impossíveis. Ele fará qualquer coisa para protegê-los. Não pode deixar você descobrir que são impossíveis, especialmente com a frieza dos dados, por isso o aterroriza e o faz pensar que será esmagado pela decepção se espiar por trás dessa cortina.

Os dados lhe diriam que seu saldo está baixo e que você está gastando muito mais em café do que pensa. Se começar a fazer seu café em casa, poderá facilmente começar a economizar para as férias. Pode até parar de se comparar com os padrões financeiros impossíveis de seus amigos virtuais. Pode traçar algumas metas razoáveis e mudar sua maneira de ver o dinheiro. Pode até se divertir.

O perfeccionismo odeia todo esse parágrafo.

Melhor lhe dizer que, se você subir na balança, será esmagado pelo peso que ganhou em vez de admitir que um pouco de dados — mas sem obsessão — pode ajudá-lo a mudar as coisas. O perfeccionismo preferiria que você tivesse como objetivo o corpo irreal de capa de revista. Adoro quando vejo a foto de uma modelo de 1,90 metro com uma manchete que diz: "Como eu consegui este corpo!". A revista nunca diz: "Bem, meus pais têm 1,90 os dois, e devo admitir que, por isso, tenho pernas compridas; mas talvez você deva fazer mais agachamentos".

Os dados nos diriam a verdade, e o perfeccionismo não suporta isso. É por isso que odiamos os dados: porque há anos o perfeccionismo os demoniza.

Eu não os suporto. Prefiro ignorá-los. Prefiro acelerar por uma estrada e descobrir que uma ponte está fechada a encarar o que os dados tentam me dizer.

Mexer com dados não é divertido. Nem *sexy*. Os dados não são meus amigos.

Era assim que eu pensava, e assim a maioria das pessoas pensa.

É muito mais agradável ignorá-los e fingir surpresa ao ver aonde a vida nos levou que deliberadamente ouvir os dados e responder adequadamente. Até essa palavra "adequadamente" é chata.

Muitos dos nossos problemas na vida são autoinfligidos, não mistérios. Se você fuma, tem uma chance muito maior de ter câncer de pulmão. Se passa todo o seu horário comercial no Facebook, provavelmente não vai conseguir uma promoção. Se come Taco Bell várias vezes por semana, não há corrida no mundo que possa ajudá-lo.

Esse último dói um pouco. Você já pediu tanto Taco Bell que, quando coloca o saco no banco do passageiro, aciona o alarme do cinto de segurança? Provavelmente, esse é um sinal que eu não deveria ignorar, mas não consigo evitar quando vou a esse restaurante. É o único *fast-food* no qual fico confuso com o *menu* e peço várias coisas. Não cometo esse erro no McDonald's. Nunca digo: "Quero um quarteirão com queijo e um Big Mac!". Mas, no Taco Bell, tudo vale quando vejo aquele cardápio *à la carte* com coisas como uma bola de neve de Tex-Mex por cima de um burrito de sete camadas.

Um dia, quando coloquei o saco no meio do banco do passageiro — ninguém coloca um bebê no canto —, o alarme começou a tocar, como se dissesse: "Algo do peso de um humano está no banco. Coloque o cinto, por favor".

Eu ri de meu Kia Soul alugado. "Você não pode me julgar, Kia Soul. Nem me conhece!"

Dados haviam sido sussurrados, e eu tive a escolha, naquele momento, de ouvi-los ou ignorá-los.

Ao ignorá-los, eu ganharia alguns quilos, me sentiria mal comigo mesmo, usaria cinta no palco nas palestras (para melhorar minha postura, claro, não para esconder a barriga) e, um dia, definiria algum objetivo de saúde impossível. E dá-lhe feijão preto e perfeccionismo!

Você também tem a mesma opção de ouvir os dados. Cem vezes por dia, eles tentam lhe dizer algo. Sempre achamos que eles estão tentando acabar com a nossa diversão; achamos que os dados são o maior desmancha-prazeres do mundo.

Lembro-me da primeira vez que vi um cardápio de restaurante que mostrava as calorias de cada prato. Eu estava em Nova York com um grupo grande de pessoas, participando de uma conferência. Abrimos os cardápios com muito vigor e entusiasmo. Estávamos de pseudoférias, íamos comer comida diferente em uma cidade diferente!

Um silêncio imediatamente caiu sobre nosso grupo quando vimos as calorias ao lado de cada prato. Todo mundo trocou os pedidos. *Cheeseburgers* monstruosos, daqueles que vêm com uma faca enfiada em cima — porque você vai precisar dela para matar aquela fera —, viraram saladas. Saladas tristes, com finas tiras pálidas de frango grelhado e molho à parte.

E o molho mais magro possível, um leve vinagrete, por favor.

Os dados nos ferraram naquele momento.

Não foi culpa do restaurante. Eles não queriam pôs as calorias; foram forçados por lei. Nada estraga mais suas vendas de entradinhas e sobremesas quanto dizer o óbvio: batatas fritas com *cheddar*, *bacon* e *jalapeño* não são saudáveis. Qualquer sobremesa que tenha a palavra "derretido" deve ser cheia de gordura.

Dados, vocês são terríveis.

Por que nos odeiam tanto?

Mas, e se isso não for verdade?

E se apenas analisamos errado os dados todos esses anos?

E se os dados não estavam tentando estragar seu dia, e sim tentando salvar sua vida?

E se reunir um pouco de dados pudesse fazer uma enorme diferença em sua capacidade de atingir seus objetivos?

E se os dados fossem uma das melhores maneiras de matar o perfeccionismo?

Os dados odeiam a negação

Quando você ignora os dados, abraça a negação.

O *cheeseburger* tinha a mesma quantidade de calorias, quer eu soubesse disso quer não. Os dados não acrescentaram calorias nele; apenas me disseram quantas eram. Eles me deram tudo de que eu precisava para tomar uma decisão informada naquele momento. Tentaram ajudar-me e à minha atual coleção de calças.

Eu poderia ter ficado frustrado — *cheeseburger* é melhor que salada, nem se incomode em argumentar o contrário. Mas minha raiva foi equivocada.

Ficamos bravos porque nos concentramos na parte errada da frase: "A ignorância é uma bênção". Achamos que os dados estão tentando estragar nossa felicidade e não percebemos que, na verdade, estão tentando nos impedir de ser ignorantes.

A negação nos torna ignorantes.

O aspecto mais preocupante da negação é que só não conseguimos reconhecê-la em nós mesmos. Detectar a negação em outras pessoas é incrivelmente fácil e, muitas vezes, bastante satisfatório. Neste momento, não é difícil para você se lembrar de um amigo que está em negação, dirigindo um carro que não pode pagar, ou na quinquagésima dieta, furando-a o tempo todo. Ou quer desesperadamente um emprego novo, mas não procura vagas há seis meses. Namora um idiota, esperando que o casamento o faça mudar milagrosamente (se o casamento não resolver, ter filhos geralmente resolve...).

A negação é néon nos outros e invisível em você.

Por que falamos sobre reduzir nossas metas à metade no início deste livro? Porque o perfeccionismo estava usando a negação contra nós. Queria que negássemos a realidade e nos dedicássemos a objetivos tão grandes que fracassaríamos antes mesmo de começar. O rapaz que não nadava, não corria nem pedalava muito, mas queria fazer um triatlo de 112 quilômetros, vivia em negação.

Suas emoções obscurecem seu julgamento. Formam uma cortina de fumaça perfeita para a negação, fazendo que seu caminho na vida pareça obscuro e confuso. Na névoa dos sentimentos, é difícil ver o que realmente está acontecendo.

Os dados, porém, não mentem. Não são influenciados pela emoção. Não estão sujeitos aos caprichos dos sentimentos.

O destino final da negação é sempre o desastre.

Ninguém nunca diz: "Adotei um gato atrás do outro, até que um dia fiquei com duzentos, mas as coisas acabaram se resolvendo. Os gatos formaram um tribunal e elegeram uma governanta que administrava o dia a dia da comunidade felina".

Ninguém nunca diz: "Quanto mais eu navegava no Facebook durante o trabalho, mais minha moral subia na empresa".

Ninguém nunca diz: "O segredo de minha saúde perfeita é banha e cigarros".

Não há como negar aonde a negação nos levará se ignorarmos os dados. Mas o bom é o seguinte:

Os dados matam a negação, o que evita desastres.

Mas só se você der ouvidos a eles.

Por que você não precisa de um uísque de 80 anos

Certa vez, perguntei a um especialista do ramo alimentício se ele já havia visto: 1) alguém se recusar a usar os dados; e 2) o perfeccionismo prejudicar um restaurante. Ele riu e me contou uma história sobre um negócio que estava rumo ao fracasso.

"Trabalhei com um *chef* que servia um prato de 22 dólares. Usava um pedaço de carne de 13 dólares e um molho de 6 dólares para fazê-lo. Já havia gastado 19 dólares naquele prato antes de acender as luzes, pagar o aluguel, comprar seu equipamento ou contratar pessoas para servir a comida. O molho custava 6 dólares! Por quê? Porque ele o fazia com um uísque escocês de 80 anos."

A maioria das pessoas não tem um paladar que possa distinguir gradações mínimas de qualidade no uísque. Claro, você pode saber se um uísque veio de uma garrafa de plástico vendida em um posto de gasolina de Panama City Beach ou se saiu de uma caixa de mogno esculpida à mão que estava guardada no cofre atrás do balcão, mas não consegue detectar notas de aparas de lápis e de charnecas enevoadas de Edimburgo. E esse uísque não foi incendiado para ser usado como ingrediente de um molho.

Se o *chef* usasse um uísque de 40 anos, em vez do escocês de 80 anos, poucas pessoas se rebelariam. A maioria dos clientes não diria: "Espere aí, essa coisa tem apenas quatro décadas! Exijo molhos feitos com ingredientes de antes de pisarmos na Lua! Que lixo é este?!".

Mas os *chefs* são artistas, e os artistas são propensos ao perfeccionismo. Sei que o *chef* queria o "escocês perfeito" para aquela receita. Da mesma forma que o perfeccionismo exige que estabeleçamos objetivos maiores do que podemos atingir, ele disse ao *chef* que só o uísque mais caro serviria. Uísques mais baratos não contam.

Dada a opção de fechar o negócio ou trocar o uísque, até o *chef* mais arrogante escolheria uma garrafa mais barata.

Se o objetivo do *chef* fosse reduzir suas despesas, a decisão seria fácil.

Este é o aspecto principal dos dados: eles facilitam as coisas.

Não há nada de emocional neles, são apenas dados.

Até o final deste livro, enquanto estiver correndo em direção a seu objetivo, você se verá repetindo esta frase em voz alta: "São apenas dados".

Os dados também o salvarão nas decisões sobre a sua carreira.

Os dados disseram a Steve Butler que ele precisava fazer umas aulas gratuitas pela internet.

Depois de perder o emprego, ele teria de aceitar o que conseguisse arranjar. Não o melhor, porque tinha muitos compromissos, visto que era casado e tinha dois filhos. Candidatou-se a vários cargos e arranjou um emprego bom o bastante.

Esse emprego cobriria algumas contas, mas os dados lhe diziam que não cobriria todas. Ele poderia ter ficado envergonhado por isso, poderia ter se punido, mas, em vez disso, deu atenção aos dados. Além do emprego em tempo integral, arranjou outro de meio período, para limpar um consultório odontológico nos fins de semana.

"Eu odiava passar quatro horas no sábado de manhã limpando o consultório do dentista. Chegava em casa, e meu vizinho estava jogando futebol com seu filho; eu ficava arrasado por todos os momentos que havia perdido com o meu naquele sábado. Mas eu sabia que tinha de ter os dois empregos."

Ele não estava fracassando como pai; estava passando por um sofrimento de curto prazo em nome do futuro da família no longo prazo. Estava diminuindo sua meta.

A maioria das pessoas se acostuma com as situações e fica estagnada. Ignora os dados até que o desastre as força a fazer uma mudança apressada e mal preparada. Mas Steve não. Ele sabia que não ficaria para sempre naquele emprego bom o bastante. Por isso, investiu em um exercício intensivo para definir seu perfil de carreira. Os resultados sugeriram que ele se daria bem no ramo de computadores. Ele nunca havia pensado nisso, mas, quanto mais estudava os dados, mais fazia sentido.

Como em qualquer mudança de vida, o perfeccionismo começou a tagarelar. Steve temia que, mudando de carreira, explorando o ramo de computadores, desperdiçasse seu diploma universitário. Essa é uma preocupação válida; todo mundo quer ter certeza de que a faculdade valeu a pena. Mas, nesse caso, os dados o ajudaram.

Steve tinha 48 anos e se formara aos 22. Terminara a faculdade em uma época em que quatro anos de estudos custavam cerca de 50 mil dólares. Isso significa que ele pagou 50 mil dólares por um diploma que usou com sucesso durante vinte e seis anos. Conseguiu quase três décadas de trabalho com seu diploma por apenas 5,20 dólares por dia. Que belo negócio! Os dados lhe mostraram que o medo de "desperdiçar seu diploma universitário" era uma tolice, pois ele já o desfrutara por vinte e seis anos.

Em vez de deixar o emprego, guiado pela emoção, e "seguir seu coração", Steve continuou analisando os dados. Eles sempre nos encorajam a facilitar as coisas.

Steve decidiu fazer aulas gratuitas pela internet para poder explorar qual parte do ramo de computadores seria mais adequado para ele. Seria análise de sistemas? Programação? Redes? Sem os dados que as aulas revelariam, ele estaria voando às cegas.

Mas fazer aulas pela internet é algo mais fácil de falar que de fazer, não é?

Todos somos muito ocupados.

As pessoas me dizem isto o tempo todo: "Tenho alguns objetivos, coisas que quero fazer, mas não tenho tempo".

A essa reação, eu simplesmente diria: "O que os dados estão lhe dizendo?".

Quando Steve analisou sua semana, não viu apenas dias e horas; viu dados. Limpar o consultório do dentista nos fins de semana e ficar com os filhos não lhe deixava muito tempo livre aos sábados e domingos. Sua esposa e seus amigos preenchiam boa parte das noites. Não podia fazer aulas por áudio enquanto dirigia para o trabalho, portanto a saída não estava aí. Os dados lhe diziam que o único tempo livre que tinha era no horário de almoço nos dias de semana.

Então, todos os dias, durante o almoço, ele levava seu iPad para o carro e fazia as aulas gratuitas. Dia após dia, aula após aula, ele terminou. Queria fazer um curso intensivo de seis semanas, durante o dia todo, que custava 20 mil dólares. Essa teria sido a abordagem perfeita, mas os dados lhe diziam que ele não podia perder seis semanas de trabalho nem podia pagar esse dinheiro do próprio bolso por algo que era só uma curiosidade até aquele momento. Seria como derramar uma garrafa de uísque de 80 anos em um pedaço de carne. Os dados o ajudaram a ver que sua incapacidade de seguir o caminho mais curto não era fracasso, e sim sabedoria.

Isso é muito interessante acerca dos dados.

Eles são assassinos da vergonha. A qualquer momento durante tudo isso, Steve poderia ter se sentido mal consigo mesmo:

"Na minha idade, eu deveria ter um emprego melhor."

"Se eu fosse um pai melhor, não teria de trabalhar nos fins de semana."

"Tudo seria perfeito se eu pudesse fazer aulas mais rápido."

"Tudo seria perfeito se eu não precisasse seguir um ritmo tão lento."

O perfeccionismo desfilou na rua de Steve, mas, com a verdade, os dados explodiram todos os carros alegóricos.

Os dados lhe disseram que seu trabalho mediano tinha um propósito nobre: atender às necessidades de sua família.

Os dados lhe disseram que trabalhar quatro horas em um sábado não era o fim de semana inteiro, e ele estava fazendo isso para sustentar sua família em vez de ignorá-la.

Os dados lhe disseram que fazer aulas de uma hora durante a hora do almoço era o único ritmo que ele podia seguir; portanto, era o ideal.

Os dados não permitirão que a vergonha crie raízes.

Steve ainda está procurando emprego, mas ele tem a seu lado algo que a maioria das pessoas não tem: dados.

Você precisa de dados. Se quer facilitar as coisas, precisa da matemática do seu lado. A primeira maneira de fazer isso acontecer é medindo de trás para a frente.

Saiba de onde você veio para chegar aonde está indo

A maioria das pessoas olha para a linha de chegada quando se encontra no meio de um objetivo. Isso é natural. Nossa literatura motivacional ensina essa abordagem. "Não olhe para trás, você não vai por esse caminho." "Seu passado não define seu futuro", é o que dizem. Mas é perigoso focar demais na linha de chegada.

Quando você faz isso, perde o poder de ver quão longe chegou.

É muito mais encorajador ver de onde você veio do que aonde está indo quando se encontra no meio de um objetivo. Mas isso muda quando está perto da linha de chegada. Quando já percorreu 80-85% do caminho, a história é outra. Ver o trecho final pode impulsioná-lo, mas, quando você está firmemente no meio de uma meta, a linha de chegada parece distante demais para servir como impulso.

Pense assim: se seu objetivo é chegar a 100% e você está apenas em 40%, fracassou. É um fracasso agora, e o perfeccionismo vai adorar ficar lembrando você disso. Você ainda tem 60% para percorrer, não está nem na metade. Droga!

E se, em vez disso, você olhasse para o zero da linha de partida e admitisse que não está mais lá? A realidade é que 40% é um progresso imenso se comparado a zero, mas minúsculo se comparado a 100. Quando você olha para trás, mal consegue ver onde estava. Já percorreu um longo caminho.

O progresso mudou? Não, o número é o mesmo, mas sua interpretação é muito diferente. Dan Sullivan, um conhecido especialista em marketing, diz que os empreendedores muitas vezes travam essa batalha. Não focam apenas na linha de chegada; eles movem seus horizontes, sem nunca atingir o objetivo, porque ficam mudando a definição de sucesso.[2]

Às vezes, para chegar ao meio, precisamos ter uma boa percepção.

Meu amigo Chad Nikazy me ensinou uma poderosa lição sobre percepção. Ele é triatleta e, uma vez, se ofereceu para guiar um participante cego em uma corrida. Foi muito legal ler a parte sobre a natação e a bicicleta, mas foi a corrida que mais me surpreendeu.

Durante a corrida, Jeremy, o atleta cego, disse a Chad: "Não me diga quando estivermos nas subidas, ok? Como não posso vê-las, não as sinto. Elas não me incomodam".[3]

A única maneira de saber se ele estava em uma subida era se Chad lhe contasse. Ele achava a corrida mais fácil se controlasse sua percepção dela.

Existe argumento mais convincente sobre as companhias que você escolhe? Neste momento, não é fácil lembrar de pessoas que falam sobre cada subida que há em sua vida? Não são

---

[2] Artigo não traduzido para a língua portuguesa. [SULLIVAN, Dan. Beyond the Horizon. **Strategic coach.** Disponível em: blog.strategiccoach.com/beyond--horizon/.]
[3] Artigo não traduzido para a língua portuguesa. [NIKAZY, Chad. Why Leading a Blind Athlete Through a Triathlon Changed My Life. **Trifuel**, 2012. Disponível em: www.trifuel.com/training/inspiration/why-leading-a-blind-athlete--through-a-triathlon-changed-my-life.]

como Chad, que esconde as subidas de você; fazem exatamente o oposto. Mas, enfim, nossa comunidade não é o problema aqui.

Tentar atingir qualquer objetivo é como correr ladeira acima. No topo está a linha de chegada e, no meio, ela parece muito distante. Se você olhar para cima da ladeira, será fácil desanimar e pensar que nunca chegará. Entrar naquele vestido velho parece impossível. Uma garagem vazia e limpa onde você possa guardar seu carro parece inacessível. Ver seu livro finalizado na prateleira de uma livraria parece irreal. A distância é simplesmente imensa.

Mas olhe para o zero; olhe para a linha de partida; olhe para o pé da ladeira. Está vendo quão longe chegou? Está vendo o progresso que fez? Está vendo o que já conquistou?

Para ver isso, você vai ter de medir.

Vinte e três maneiras de medir seu objetivo

Sabemos instintivamente que devemos medir nossos objetivos, mas a maioria das pessoas não faz isso. Milhões de pessoas que usam o aplicativo Fitbits sabem o número de andares fictícios que subiram, ou acabaram de receber o distintivo por andar o equivalente a todo o continente sul-americano. Se você perguntar a elas como medem seus objetivos de vida, encontrará um olhar vazio.

Parece difícil, complicado ou científico, mas, se você já leu até aqui, tem pelo menos uma medida: leu 75% do livro. Já é diferente dos outros e já tem uma medida de páginas. Se já fez ou está fazendo as ações, tem outra medida também.

E se quiser medir algo mais específico para seu objetivo? E se quiser usar dados para derrubar o fantasma do perfeccionismo que boicota a maioria de suas metas?

Veja, então, as 23 coisas que pode medir:

TERMINE

1. Tempo investido

    Quantas horas durante os próximos 30 dias você investirá em seu objetivo? Se gastar 15 minutos por dia durante 30 dias, isso somará 7,5 horas. Pode não parecer muito, mas quando foi a última vez que você tirou quase um dia inteiro de trabalho para fazer algo de que gosta?

2. Dinheiro ganho

    Se você tem uma meta profissional, é fácil medir a receita gerada durante os 30 dias.

3. Produtos vendidos

    A maioria das formas de medição pode ser dividida em várias pequenas informações. Se está vendendo um produto, é fácil medir tanto o dinheiro ganho quanto o número de unidades vendidas.

4. Quilos perdidos

    Existe uma forma mais fácil de medir isso que uma balança?

5. Centímetros

    Isso pode ser um pouco mais difícil que medir os quilos, mas saber quantos centímetros de circunferência você perdeu também pode ser útil.

6. Sacos de lixo cheios de coisas

    Uma amiga minha que queria organizar sua casa contou todos os itens de que se livrou e também o número de sacos de lixo cheios que doou.

7. Livros vendidos

    Você nunca sabe que tem muitos livros até precisar se mudar e perceber que um livro é apenas um tijolo cheio de palavras. Muitas pessoas que focam a organização contam o número de livros que vendem aos sebos de sua cidade.

8. Páginas ou palavras escritas

    Falando em livros, se você quiser escrever um, contar as páginas escritas pode ser uma ótima medida.

9. Quilômetros corridos

    Vou fazer cerca de mil quilômetros este ano. Como eu sei? Porque o aplicativo da Nike controla tudo para mim. Estou quase no nível roxo, uma recompensa digital completamente inútil, mas estranhamente satisfatória. Já estou julgando os perdedores preguiçosos do nível azul que deixei comendo poeira.

10. Passos

    Atualmente, existem muitos dispositivos excelentes no mercado, que você usa no pulso e fornecem essa informação.

11. Assinantes de *e-mail*

    Se você está montando um negócio *on-line*, o número de pessoas que tem em seu correio eletrônico é fundamental.

12. Seguidores em uma plataforma de mídia social

    Exceto no Snapchat, em todas as plataformas de mídia social é incrivelmente fácil saber instantaneamente quantos seguidores você tem.

13. Refeições feitas

Aumentar os exercícios físicos e ignorar o que você come é bobagem. Uma das chaves para uma vida saudável é o planejamento das refeições. Você pode contar o número de refeições que faz toda semana em casa em vez de sair.

14. Dinheiro economizado

Sabe aquele número em sua poupança? Essa é uma forma de medição.

15. Dívida paga

O tamanho do extrato de seu cartão de crédito é uma forma de medição. Se parece uma apostila escolar, tente se esforçar para chegar a uma folha só.

16. Saídas com o cônjuge

Jenny e eu saímos cinco vezes por semana e passamos muito tempo de mãos dadas, assistindo ao pôr do sol no campo, um em cada banheira. Mentira; morro de vergonha sempre que alguém me diz que está sempre namorando a esposa. O tempo passado com seu cônjuge é bem investido. Contar o número de vezes que saem juntos é muito bom.

17. Possíveis clientes contatados

Talvez sua empresa ainda não esteja pronta para receber pedidos ou ainda esteja nos estágios iniciais de desenvolvimento. Sem problemas; acompanhe o número de possíveis clientes que você contatou.

18. Horas dormidas

O sono está se tornando um tema importante à medida que mais pessoas percebem que é a chave para o alto desempenho (como demoramos tanto tempo para perceber isso?). Controle-o simplesmente com um despertador ou com um dispositivo vestível.

19. Notas de agradecimento enviadas

Talvez você esteja trabalhando a gratidão. Quantos cartões de agradecimento enviou este mês?

20. Novos contatos

Odiamos a palavra *networking*, mas talvez parte de seu objetivo seja expandir a sua rede de contatos, não apenas o seu alcance nas mídias sociais. Quantas pessoas você conheceu este mês?

21. Porcarias não ingeridas

Acho que também é interessante medir o que você não fez. Se evitou ingerir três fatias de *pizza* e quatro refrigerantes, anote isso. Você vai se divertir somando todas as calorias que não consumiu este mês.

22. Livros lidos

Este é um objetivo bastante comum e ridiculamente fácil de medir. Quantos livros você leu este mês?

23. Horas de TV assistidas

Talvez seu objetivo seja cortar a TV. É simples, especialmente se seu método preferido de assistir é a Netflix, que você pode medir facilmente.

Esses são apenas 23 exemplos, e é mais que provável que seu objetivo único tenha formas únicas de progresso que você pode medir.

Tudo que eu quero é que você escolha de uma a três coisas para medir. Por que tão pouco? Porque, quando vir que vai indo bem, vai querer medir mais. Nem vou precisar incentivá-lo; você vai fazer isso sozinho. É divertido ver o progresso, e você entenderá intuitivamente que, se é legal ver três pontos de progresso, talvez cinco seja ainda melhor.

Essa é uma das razões de o *Fantasy Football* ser uma atividade tão complicada. Você consegue medir muitos pontos diferentes de progresso. E também é a prova de que pode medir as coisas. Se já jogou *Fantasy Football*, garanto que também pode fazer isso.

Mas não exagere. O perfeccionismo faria você medir 30 coisas diferentes, pesando os gramas de vegetais para ter certeza de que estaria ingerindo exatamente a quantidade certa de potássio. Pise no freio; escolha de um a três dados. Só isso.

O passado está tentando ensinar algo a você

Os dados fluem em duas direções: para a frente e para trás. A lista que acabamos de ver são dados para a frente. Você vai medi-los daqui para a frente. Mas os dados para trás são igualmente importantes; são uma coleção de informações sobre como as coisas aconteciam no passado.

O passado pode nos ensinar muito, mas, normalmente, não gosto de aprender com ele.

Por exemplo, fiz 58 longas filas na TSA (Transport Security Administration, agência estadunidense de segurança nos aeroportos) antes de investir sete minutos para tirar o TSA Pre e passar com agilidade pela segurança do aeroporto.

Por que não aprendemos com o passado? O perfeccionismo nos diz que isso é simplesmente mais uma forma de trapaça. Não precisamos do passado! É outra muleta. Lembre-se: o perfeccionismo se opõe agressivamente a qualquer coisa que facilite a obtenção de nosso objetivo, e aprender com o passado certamente faz isso.

É hora de sondar seu passado para descobrir se tem algo a aprender. Já fez isso antes de tentar alguma coisa de novo? Mas não se perca na lista. Se você é propenso a dispersar e se enrolar nos exercícios, responda apenas aos três primeiros e siga em frente. Não queira fazer tudo perfeito.

Vamos lá:

1. O que aconteceu da última vez que você definiu uma meta como a de agora?

    Seja honesto. Não precisa destacar os resultados para impressionar; ninguém mais vai ler suas anotações. E escolha algo bastante recente, porque tendemos a nos lembrar mal das coisas à medida que nos distanciamos delas. Não precisa ser algo que você concluiu; só algo que tentou.

2. Se não tentou alcançar esse objetivo antes, o que aconteceu com um objetivo semelhante?

    Tentar ficar dentro de seu orçamento pode parecer muito diferente de fazer dieta, mas ambos são objetivos restritivos (você come menos e gasta menos.). Há semelhanças que você pode aprender aqui.

3. Quem estava envolvido da última vez?

    Odeio termos como "empreendedor solo", porque perpetuam a ideia de que você vai atingir uma meta sozinho.

Mas não vai. Ninguém é um empreendedor solo de verdade. Você não entrega sua própria correspondência, por exemplo. Não importa qual seja seu objetivo, sempre haverá outras pessoas envolvidas e afetadas.

4. Quanto tempo levou?

    Um mês? Uma semana? Seis meses? Saber isso o ajudará a medir com precisão o progresso de sua nova meta.

5. De quanto dinheiro você precisa para concluí-lo?

    Existe um orçamento para seu objetivo? Geralmente, o dinheiro não é a primeira coisa que você precisa investir; é tempo. Mas provavelmente o dinheiro se tornará um fator mais para a frente. Quanto lhe custou trabalhar em seu objetivo da última vez? Ultrapassou seu orçamento? Foi difícil manter o controle das despesas? O custo de alguma coisa o surpreendeu?

6. Havia um prazo? (O projeto deve ser lançado até ___)

    O prazo pode ser uma das maiores alavancas para a conclusão. Usou um da última vez? Isso ajudou ou criou uma pressão desnecessária?

7. Haveria consequências se você não terminasse?

    Consequências causam mudanças. Sem elas, perdemos o foco. Da última vez que você tentou algo, ficaram claras as consequências de não terminar? Quais eram? Serviram de motivação para você?

8. Se você terminou, recebeu alguma recompensa?

    Se estava motivado por um prêmio, conseguiu? Se não terminou, foi porque tinha o prêmio errado?

Ou prêmio nenhum? Que tipo de recompensa acompanharia a conclusão desse objetivo?

9. Se você não terminou, em qual parte tropeçou?

Viajar torna a alimentação saudável difícil para mim. Viajar e burritos, na verdade. Quanto mais velho fico, mais percebo que aprendemos com o fracasso. Quando escorrego, é importante que eu faça algumas perguntas para não escorregar de novo.

10. Se você pudesse fazer diferente desta vez, o que mudaria?

Se tentasse alcançar o mesmo objetivo de novo, de que ângulo diferente o abordaria?

O objetivo de fazer todas essas perguntas e reunir o máximo de informações possível é dar a você a maior chance de sucesso.

As perguntas acima não são mágicas nem são o fim. São apenas o começo da entrevista que você deve fazer com as coisas que deseja terminar. Quanto melhores suas perguntas, melhores seus dados, melhores suas chances de ser bem-sucedido. Cuidado: eu me refiro a ser "melhor", não "perfeito".

Sei que isso dá muito trabalho e garanto que estou fazendo o meu melhor para distraí-lo com humor e referências à cultura *pop*. Esses exercícios são estranhos, como quando Jimmy Kimmel perguntou a James Corden quão pouco havia gostado do "Carpool Karaoke" com Britney Spears.[4] Relevante!

O trabalho vale a pena, especialmente se tem um objetivo importante para você. Pode acontecer de, ao longo do caminho,

---

[4] The Late Show with James Corden. **CBS**, 2016. Disponível em: www.cbs.com/shows/late-late-show/video/E5E56235-8692-DE45-0309-C4BD-775C807F/britney-spears-carpool-karaoke/.

você perceber que precisa de um novo objetivo. Os exercícios que estamos fazendo não são nada em comparação com o trabalho no meio de um projeto. Tudo que estou pedindo a você é que faça uma lista de ações. Se não quer fazer isso, como acha que vai se sentir quando tiver obrigatoriamente que realizar as ações? Escrever "Ligar para potenciais clientes" é infinitamente mais fácil que realmente ligar.

Mudar seu objetivo não é fracasso; é sucesso! Prefiro que você refine sua meta ou escolha uma melhor do que vê-lo se arrastando em um processo difícil, com uma meta que não lhe importa muito.

Quando um avião é mais que um avião

Revisar seu passado é uma das melhores maneiras de entender quem você realmente é e como trabalhará melhor em um objetivo. Não esqueça que o perfeccionismo não suporta a autoconsciência. Se você é autoconsciente, é mais provável que conheça e aceite suas limitações, o que significa que não cairá na promessa de um desempenho perfeito. E a autoconsciência também pode fazer você querer voar com mais frequência.

Tenho três amigos que afirmam que conseguem terminar mais projetos quando estão em pleno voo que em qualquer outro momento. Já ouvi esse tipo de coisa de pessoas de todas as esferas da vida e profissões.

A maioria para por aí, não questiona o que isso realmente significa; mas grandes finalizadores exploram a grande ideia por trás da pequena. O que há no avião que torna a pessoa tão produtiva? Não é a qualidade do ar, porque, no avião, respiramos todos os tipos de germes de uma vez só. Sempre que vejo famílias viajando com máscaras faciais, penso: "O que vocês sabem que eu não sei?".

Também não é levar o seu travesseiro, o que é a coisa mais nojenta que está acontecendo atualmente nas viagens aéreas. Eu nunca dormi em minha própria cama e pensei: "Sabe o que seria melhor? Se meu travesseiro houvesse sido esfregado na poltrona de um avião".

Também não é o serviço de bordo. Não há nada mais triste que ver um executivo em um avião indo para Baltimore para negociar um contrato imobiliário de 10 milhões de dólares e pedir a garrafa inteira de refrigerante. "Eu sei que dou conta. Por favor, deixe-a aqui comigo."

Não são os assentos espaçosos ou os 7 níveis de inclinação, ou a briga de cotovelo que representam os apoios de braço compartilhados. Então, por que as pessoas são produtivas em aviões? Existem várias possibilidades:

1. Você só pode levar uma quantidade limitada de trabalho
Em seu escritório em terra, você pode trabalhar em tudo de uma vez. Está cercado por armários, mesas e gavetas cheias de outros projetos. A quantidade limitada de espaço para bagagem de mão e a natureza microscópica da bandeja dobrável eliminam as distrações. Mesmo que quisesse levar o projeto dos pisos do novo prédio, o escopo do projeto, sua lousa e seu *notebook*, não teria espaço. Além de eliminar distrações, viagens de avião nos forçam a planejar e fazer as malas. E os projetos em que você vai trabalhar não são acidentais ou aleatórios.

2. O ruído branco ajuda na concentração
Aviões são barulhentos — não sei se você sabia disso. Levar toneladas de metal para o céu e lutar contra a

gravidade é, aparentemente, uma façanha difícil de realizar silenciosamente. Para muitas pessoas, esse manto de ruído branco ajuda na concentração. O barulho é tão alto que desaparece (essa deve ser a coisa mais *kung fu* que eu disse em todo o livro).

3. **A conexão com a internet é fraca demais para se distrair**
Eu amo e odeio a internet. Amo porque me oferece a oportunidade de fazer qualquer coisa. E odeio porque me oferece a oportunidade de fazer tudo. Para muitos viajantes, a conexão irregular com a internet oferece o isolamento forçado de distrações digitais que eles têm dificuldade de criar naturalmente. Não dá para receber SMS nos aviões; por isso, quando pousamos, ouvimos centenas de notificações de mensagens nos celulares dos passageiros. O autor de *Game of Thrones*, George R. R. Martin, escreve seus livros desconectado, em um processador de texto baseado em DOS da década de 1980.[5]

4. **Há um prazo bem definido**
Um voo é uma coisa finita e minúscula. Tem um fim definido. Na verdade, há vários fins. Você tem uma janela para trabalhar antes do embarque. Depois, tem alguns minutos enquanto carregam o avião. Depois, tem de desligar seu *notebook*, conforme instruções, e esperar até atingir 10 mil pés para ligá-lo de novo. Para a maioria

---

[5] Artigo não traduzido para a língua portuguesa. [GAYOMALI, Chris. George R. R. Martin's Secret to Productive Writing: A DOS Computer. **Fast Company**, 2014. Disponível em: www.fastcompany.com/3030610/george-rr-martins-secret-to-productive-writing-a-dos-computer.]

das pessoas, essa é a primeira vez desde o fundamental I que tem essa escassa estrutura. O comediante Demetri Martin aproveitava esses momentos para fazer a transição de comediante amador a profissional.

> Quando eu comecei, era divertido porque elas [as piadas] surgiam em minha cabeça, e eu as anotava no meu caderno. Mas, quando virei profissional, percebi que não podia mais esperar. Aviões são bons porque eu digo: "Vou escrever 100 piadas daqui até Nova York/Los Angeles. Não importa se serão boas".[6]

5. Ninguém conhece você

Pode ser ótimo trabalhar em um avião porque você é anônimo. A menos que você seja eu e tenha autografado todas as cópias de sua foto que saiu na revista *Southwest* porque quer que o estranho sentado no banco do meio saiba que está fazendo algo da vida. Com exceção dos comissários de bordo ou um fulano tagarela na poltrona ao lado — que você pode calar colocando ostensivamente os fones de ouvido —, você não será incomodado dentro de um avião. Ninguém vai ficar entrando na sua sala fazendo a pergunta mais mentirosa do mundo: "Você tem um minuto?". Esse minuto nunca tem sessenta segundos.

Ao analisar uma situação por alguns minutos, você pode tomar consciência. E o próximo passo é transformar essa consciência em ação.

---

[6] Artigo não traduzido para a língua portuguesa. [TROWBRIDGE, John. Talking Irrelevance and "Live (At the Time)" with Demetri Martin. **Huffington Post**, 2015. Disponível em: www.huffingtonpost.com/entry/talking-relevance-and--live-at-this-time-with-demetri-martin_us_55e0bfb7e4b0b7a963390a5c.]

Você pode perceber que trabalha muito bem em aviões, mas talvez não possa fazer mil voos por ano para garantir sua produtividade. No entanto, pode pegar os mesmos princípios e aplicá-los a outras partes de sua vida.

Se, por exemplo, a quantidade limitada de trabalho o ajudar a se concentrar, saia do escritório com um arquivo só. Se a conexão irregular com a internet o ajudar a focar, desligue o celular durante o próximo café que tomar com um amigo.

Se não aprender o que faz você trabalhar melhor e o repetir, você nunca vai melhorar.

Pense em um momento em que realizou algo. O que estava fazendo? Que elementos daquele momento mais ajudaram? Onde você estava? Que música estava ouvindo? O que fez antes? O que fez depois?

O que funciona para mim não vai funcionar para você. A singularidade de meu objetivo, a complexidade de minha personalidade e meus talentos específicos nos tornam bem diferentes. Eu não consigo trabalhar em casa, por exemplo. Fico deprimido de verdade. Sei que nosso objetivo como país é trabalhar em casa de pijama, mas acho que trabalhar de moletom é uma das coisas mais tristes do mundo. Não estou dizendo que tenho de usar calças de lona desconfortáveis ou *smoking*, mas preciso sair de casa para fazer qualquer coisa.

Levei dois anos para aprender essa ideia ridiculamente simples. Passei quinze anos indo a um escritório; eu conhecia aquele ritmo e era bom nele. Então, abri minha empresa e sofri durante dois anos em casa, frustrando minha esposa, falando demais com o carteiro, para o desespero do bairro, e sem saber por quê.

O perfeccionismo me dizia que todos os outros empreendedores adoravam trabalhar em casa. Eu era o único que tinha dificuldade com isso. O que havia de errado comigo?

Se eu houvesse parado dez minutinhos e perguntado "como eu trabalho melhor?", teria percebido rapidamente que precisava sair. Não precisa ser nada especial, mas preciso de pelo menos alguns minutos de trânsito para me livrar do sono e entrar no modo trabalho. Eu tinha quinze anos de evidências que tentavam me dizer isso. Portanto, não ignore sua melhor maneira de trabalhar enquanto estiver tentando descobrir como concluir seus projetos.

Gilana Telles fez uma pequena autoavaliação da primeira vez que passou pelos *30 Days of Hustle* e percebeu que tem um bom desempenho com um sistema complexo que ela mesma criou. "Completei 62 tarefas importantes que, de outra forma, teria adiado e deixado para o último minuto. Desenvolvi um gráfico para acompanhar meus objetivos semanais; criei um sistema de calendário codificado por cores!"

Isso que funciona para ela me daria um ataque de pânico. Só as expressões "sistema de calendário codificado por cores" e "62 tarefas importantes" já me fazem começar a suar. Para Gilana funcionou, mas só porque ela prestou atenção em seus pontos fortes e os transformou em ações.

Três maneiras de responder ao progresso

Você consultou os dados para a frente; também estudou os dados para trás; mas e se os números não estiverem onde você gostaria?

Isso é o que eu chamo de momento "pausa do perfeccionismo". O perfeccionismo adora parar você no meio de um objetivo. Por que 92% das resoluções falham? Porque, depois de coletar dados, as pessoas definidoras de metas acham que terminaram; mas dados que você coleta e não usa são inúteis.

E se você coletar dados e os resultados não forem os que esperava? Por isso, muita gente desiste. Cedem à decepção e às expectativas não atendidas.

Se está insatisfeito com o seu progresso, você tem três fatores que pode ajustar:

1. O objetivo;
2. O cronograma;
3. As ações.

O objetivo é sua linha de chegada, o que você se propôs a realizar quando iniciou o projeto. Para Jason, o fazedor de dietas que queria emagrecer porque um parente idoso fez um comentário sobre seu peso, o objetivo eram os 18 quilos. Mas, se ele descobrir que não está nem perto de atingir seu objetivo, talvez seja necessário baixar a meta. Talvez o problema fosse que Jason queria perder 18 quilos, mas isso era irracional; por isso, seria melhor mirar em 9 quilos. Já falamos bastante sobre o valor de cortar a meta pela metade.

O segundo fator é o cronograma. Em vez de se dar dois meses para ver o progresso, ele poderia aumentar esse prazo para quatro. Se o prazo para atingir seu objetivo fosse estendido, ele poderia aumentar muito suas chances de ver o progresso que desejava. Já falamos disso também.

O terceiro fator representa as ações realizadas para chegar à linha de chegada. Quando confrontado com resultados decepcionantes, Jason teve a opção de aplicar mudanças. Ele poderia aumentar suas ações. Além de trabalhar com um *personal trainer*, poderia consultar um nutricionista para elaborar um plano alimentar. Poderia cortar a cerveja e o vinho, ricos em calorias. Poderia aumentar o número de dias de atividade física.

É bom notar que, em projetos relacionados ao trabalho, às vezes você não tem autonomia sobre esses dois primeiros fatores. Quando analisa os resultados e percebe que não vai atingir sua meta, pode não ter a liberdade de dizer a seu chefe: "Vou diminuir as vendas que prometi e dobrar meu prazo! Sei que precisamos lançar esse projeto para o cliente a tempo da abertura da nova ala hospitalar, mas estou mexendo um pouco com o prazo, por isso não vai rolar".

Em situações como essa, todo o seu foco e energia precisam ser colocados no fator ações. Você terá de aumentar drasticamente suas ações para cruzar a linha de chegada. Apenas cuidado para que um aumento nas ações não seja acompanhado de aumento na perfeição.

Em projetos pessoais, é mais fácil lidar com os três fatores porque você mesmo é o responsável.

Em vez de se torturar, em vez da errônea lembrança de que no passado foi mais fácil, em vez de desistir, analise esses três fatores. Você precisa ajustar o seu objetivo, o seu cronograma ou as suas ações?

Não espere até que os esquilos se mudem para a sua casa

Não sou naturalmente bom com dados e, na maioria das vezes, odeio mexer com isso.

Mas sabe o que odeio ainda mais? Perfeição. Odeio me sentir perdido por não saber qual é o melhor caminho a seguir. Odeio viver em negação. E mais que tudo: odeio desastres.

Quando morávamos em Alpharetta, Geórgia, um pedaço do telhado de casa, em um canto, apodreceu. Eu nunca havia morado em casa, de modo que não sabia o que fazer com essa informação. "Poxa, veja só, um buraco em nosso sótão diretamente para o mundo exterior! Legal."

Toda vez que eu cortava a grama, olhava para cima e via o buraco ficando maior. Durante meses, observei o progresso enquanto o canto de nossa casa se desintegrava. Eu tinha um dado: havia um buraco de 15 centímetros no telhado; mas não fiz nada com ele. Neguei que era um problema porque temia que, se realmente investigasse, não teríamos recursos para consertá-lo.

Felizmente, a coisa se resolveu sozinha. Nossa casa era como Wolverine, tinha propriedades de autocura. Nós a compramos da Nationwide, e acontece que eles estavam do nosso lado.

Na verdade, o que aconteceu primeiro foram formigas. Não havia formigas na casa e, de repente, havia 100 mil morando no canto de nossa grande sala. Jenny ficou chateada, mas as aranhas com certeza não. Elas imediatamente armaram teias no canto, 6 metros acima de nosso sofá. Então, além da colônia de formigas pulsante no teto, tínhamos teias cheias de cadáveres. Começou a parecer um congresso de entomologia lá em cima, com diversas espécies de insetos acampadas ao redor de um bufê de formigas.

Eu poderia ter ignorado as formigas para sempre — a negação é muito poderosa —, mas os esquilos eram difíceis de ignorar. Uma família de esquilos decidiu se mudar para o sótão. Você nunca dormirá mais tranquilamente que quando ouvir um esquilo correndo em seu sótão, bem acima de sua cabeça, com presas intermináveis. Sabia que os esquilos mastigam o metal de seu telhado porque seus dentes nunca param de crescer? Isso nem é assustador...

O que era um buraco que, com 100 dólares, se poderia consertar, transformou-se em um buraco de centenas de dólares, especialmente depois que tentei pegar os esquilos e que meu amigo atravessou o teto do meu quarto e caiu embaixo. Comentei com Jenny a conveniência de ver o que havia em nosso sótão sem sair da cama, mas ela não achou graça. Ela tem a mente fechada.

Não espere até que os esquilos se mudem para a sua casa para dar ouvidos aos dados.

Os dados matam a negação, o que evita desastres.

A perfeição lhe dirá que os dados devem ser complicados. Se você se atrever a juntar alguns, ela o fará medir cada grama de água, segundo de tempo e vogais usadas no livro que está escrevendo.

Não.

Nosso objetivo neste capítulo é obter de um a três dados que possamos usar. Para quê? Para terminar o que começamos, que é o que estamos prestes a fazer.

Ações

1. Anote de uma a três coisas que você possa medir em relação ao seu objetivo.
2. Revise uma meta do passado para ver se pode aprender algo com ela.
3. Encontre o seu avião. De que maneira você trabalha melhor?
4. Se você já está no meio de uma meta, decida se precisa ajustá-la, mexer no cronograma ou nas ações.

CAPÍTULO 8

A VÉSPERA DO FIM

Nunca vi alguém desistir depois de correr 25 quilômetros de uma maratona.

Nunca vi alguém dizer: "Quer saber? Estou quase chegando, estou vendo a linha de chegada, mas não quero mais".

Nunca vi um corredor com medo de terminar uma corrida.

Pelo contrário, já vi atletas ensanguentados e exaustos correrem mais rápido no último quilômetro. Já vi triatletas rastejarem até a linha de chegada com o corpo destruído, mas a vontade intacta.

Foi por esse momento que eles lutaram, pelo qual encararam todos aqueles meses de treino. É o momento mais importante de todos.

Então, por que os iniciadores crônicos têm tanta dificuldade com a véspera do fim?

Por que Meredith Bray passou seis anos na faculdade, mudou de curso duas vezes, frequentou seis faculdades diferentes e bombou nos exames finais de propósito? Por que se recusou a terminar durante mais vinte e três anos, e foi preciso uma cirurgia de peito aberto para motivá-la a finalmente se formar?

Por que uma amiga minha, artista, passava de seis a oito horas criando uma obra de arte e a destruía antes de concluí-la? Ou melhor, por que fez isso 100 vezes, com obras de arte que agora vende por 275 dólares?

Porque a véspera do fim é aterrorizante.

A última tacada

Na década de 1980, em 92% de todas as comédias românticas, víamos alguém correndo por um aeroporto. Naquela época, não havia muita segurança. Você podia aparecer em qualquer aeroporto e dizer: "Vou ao terminal ver os aviões". Um segurança cansado, que não tinha acesso a uma máquina de raios-X e, portanto, não podia saber se você estava carregando alguma arma do Batman, acenava para você passar. Sem perguntas, sem revistas, sem necessidade de explicar por que você precisa de 100 gramas de creme de cabelo para uma viagem de três dias.

E, se seu único amor verdadeiro estivesse prestes a entrar em um avião e sair de sua vida, você tinha permissão para correr feito louco pelo aeroporto.

Talvez você não seja o tipo de pessoa que "esbarra em estranhos ou pula por cima de cachorrinhos que claramente não são animais de serviço", mas, naquele dia, estava disposto a ser porque era sua última chance de felicidade. Todo o seu relacionamento se resumia àquele momento, e você faria qualquer coisa para salvá-lo. Você estava desesperado.

É assim que a perfeição vê a véspera do fim.

Você lutou contra o dia depois do perfeito. Cortou o seu objetivo pela metade. Matou os seus cucos. Definiu um objetivo divertido. Está a centímetros de terminar; e o perfeccionismo sabe disso.

Ele só tem uma última chance de destruir tudo, uma última oportunidade de derrubar a meta inteira.

E, infelizmente, a maioria das pessoas não percebe isso.

Nós não falamos sobre isso. Sabemos que o meio é difícil. Entendemos coletivamente que haverá marasmo no centro de qualquer empreendimento. É quando as coisas ficam difíceis.

Mas você já ouviu alguém dizer: "A pior parte de meu objetivo foi quando vi a linha de chegada à minha frente"? Claro que não. Acreditamos que a linha de chegada é um ímã que nos puxa em direção a ela, como se o impulso nos levasse por sua própria vontade. Estamos meio certos; é um ímã, mas geralmente é o polar que nos empurra, não o que nos puxa.

Nesse espaço, a perfeição grita. Como um vilão que você socou, mas não desarmou, no estilo John Wick, que se levanta para brigar mais.

E esses três últimos medos são de matar.

Os três últimos medos que a perfeição utiliza

Não é incomum sentir medo do sucesso quando vamos chegando perto do momento de terminar. É bastante normal, e já falamos disso quando analisamos os cucos que precisavam ser eliminados imediatamente. Mas, além dessa preocupação comum, existem três medos associados à linha de chegada. Você sentirá um, ou talvez todos, quanto mais perto estiver de terminar.

1. Medo do que acontece depois

Às vezes, você não tem medo de concluir; tem medo do que vai acontecer depois que acabar. Uma coisa é terminar de escrever seu livro; outra é ter esse livro aberto ao *feedback* de estranhos na Amazon. John Steinbeck descreveu isso perfeitamente com seu personagem Henri em *A rua das ilusões perdidas* (é estranho que ele tenha previsto a Amazon 100 anos de ela existir, mas tal era o poder de Steinbeck). Henri era um mestre na construção naval, mas nunca terminou um projeto, apesar de trabalhar durante anos. No último minuto, assim que se aproximava da conclusão, ele destruía o barco e começava de novo. A maioria de seus amigos o considerava um louco, mas um deles entendeu o que estava acontecendo.

Henri adora barcos, mas tem medo do oceano [...] gosta de barcos [...]. Mas imagine que ele termine seu barco. Uma vez finalizado, as pessoas vão dizer: "Por que você não o põe para navegar?". Se o colocar na água, terá que ir junto, e ele odeia água. Por isso, ele nunca termina um barco, para não precisar lançá-lo ao mar.[1]

Henri tinha medo de água. Do que você tem medo? De críticas? Estranhos não vão poder criticar suas coisas se nunca forem feitas. É mais fácil esconder sua ideia dentro de uma caixa debaixo da cama que a mostrar ao mundo.

Seja honesto: você tem uma dúzia de barcos semiacabados amarrados na doca seca? Fica quase sempre chegando lá? Nessas situações, as pessoas pensam que, se não terminarem, serão poupadas de algumas dificuldades; mas isso não é verdade.

---

[1] STEINBECK, John. **A rua das ilusões perdidas.** 2 ed. Rio de Janeiro: Grupo editorial Record, 2021.

O talento que você não assume acaba se transformando em amargura. Quando lhe perguntaram o que teria feito se não fosse escritor, Stephen King disse:

Provavelmente, eu teria morrido de alcoolismo por volta dos 50 anos. E não sei se meu casamento teria durado. Acho que é extremamente difícil conviver com pessoas que têm um talento e não são capazes de usá-lo.[2]

Barcos foram criados para a água. Você vai descobrir o que vem depois quando chegar lá. Não se preocupe com isso agora.

2. Medo de não ser perfeito

Li 6,9 livros dos sete de Harry Potter. Como uma pessoa normal, você deve estar pensando: "Como assim?". Eu sei que é legal, mas não queria que a série terminasse e tinha medo de que o final não fosse incrível. Por isso, li milhares de páginas e depois parei. O livro ainda está em minha estante, fazendo-me sentir vergonha.

Mas não sou o único que faz isso. No Facebook, Matt Bunk me disse: "Eu assisti a todas as temporadas de *Breaking Bad* e parei faltando quatro episódios para acabar. Como não queria que o fim fosse ruim, parei de assistir".

Isso acontece com livros, filmes e metas, porque o perfeccionismo joga sua última tacada. Ao virar a última esquina, ele grita mais alto. "Ah, está quase acabando,

---

[2] Artigo não traduzido para a língua portuguesa. [GREENE, Andy. The Last Word: Stephen King on Trump, Writing, Why Selfies Are Evil. **Rolling Stone**, 2014. Disponível em: www.rollingstone.com/culture/news/stephen-king-on--trump-20160609.]

que legal! Espero que atenda a todas as suas expectativas. Não seria terrível se não atendesse? Dá para imaginar? Seria uma decepção. Mas tenho certeza de que vai dar tudo certo. Será maravilhoso, eu sei."

Aí você pensa: e se o perfeccionismo estiver certo? E se não for incrível?

A artista de quem falei antes, que vivia destruindo as suas obras, teve de lutar contra esse mesmo medo. Por que ela destruía as suas obras? Porque "não eram perfeitas". À beira da conclusão, ela tinha essa percepção e destruía algo que passara horas criando.

E se, há anos, você sonha em ver seu livro na prateleira de uma livraria, mas, quando vê, não é a melhor sensação do mundo? E se a balança atinge o número que é sua meta de emagrecimento, mas a terra não estremece sob seus pés? E se você ganha 1 milhão de dólares, mas não se sente completo ainda?

São todas perguntas legítimas, e vou responder-lhes da mesma forma que tenho respondido a esse tipo de pergunta no livro todo.

Não será perfeito. Não mesmo. Não porque você tenha feito algo errado, mas porque a vida não funciona assim.

A vida é sempre meio diferente do que esperávamos. As cores não são as mesmas que vimos em nossa cabeça. O momento se desenrola com um ritmo diferente do que previamos. As emoções familiares em que apostamos são diferentes.

Achei que terminar um livro seria o meu momento. Em minha cabeça, imaginei escrever "Fim" e sair dessa página final com o sorriso mais profundo de todos. Mas isso nunca aconteceu. Nunca me lembro do momento em que termino. Sabe do que me lembro? Do momento em que recebo cópias do livro pelo correio. Quando chegou *Reinicie: resgate a segunda feira, reinvente seu trabalho e nunca fique na mesma*, só estava McRae, minha filha mais nova, e eu em casa. Eu estava rastreando a entrega como um maníaco. E, quando chegou, mal pude esperar para abrir a caixa.

Você pode não ter o perfeito, mas o que consegue é ainda melhor. Você tem uma surpresa. Recebe algo que não esperava. Porque essa é a verdade. Ninguém espera, nem mesmo Burt Reynolds.

Quando ele fez o filme *Agarra-me se puderes*,[3] não havia roteiro. O filme foi improvisado. Foi dirigido por um dublê que nunca havia dirigido um filme. A trama era terrível. Bandit e Cletus tinham de ir de carro da Geórgia a Texarkana, no Texas, com um carregamento ilegal de cerveja Coors. Isso não é um filme; é uma lista de tarefas de gente que trabalha em transportadora. Quando perguntaram sobre o filme a Sally Field, ela disse: "Achei que era o fim de todo o meu esforço para chegar aonde cheguei".

Compare esse com outro filme que teve uma chance muito melhor de sucesso. Foi dirigido por Jon Favreau, da franquia *Homem de Ferro*. Foi produzido por Ron Howard, de *Apollo 13*. Tinha Harrison Ford (Han Solo) e Daniel Craig (James Bond) no elenco.

[3] Dirigido por Hal Needham. Califórnia: Universal Pictures, 1977.

Dois filmes muito diferentes, com dois resultados muito diferentes. *Cowboys & Aliens*,[4] apesar de ter tudo para ser um sucesso, foi um fracasso abjeto que rendeu 11 milhões de dólares. O quê? No fim de semana de estreia? Só 11 milhões? Não, esse foi o lucro total do filme.

E *Agarra-me se puderes*? Esse filme arrecadou cerca de 300 milhões de dólares e ficou em segundo lugar no ano em que saiu, perdendo para um tal filme chamado *Star Wars*.

Por que você deveria ignorar a perfeição se ela tenta prever que algo não será bom? Porque ninguém sabe o resultado antes do fim. E o perfeccionismo menos ainda. Bon Jovi não queria colocar *Livin' on a Prayer*[5] em seu álbum; não gostava da música e achava que outras pessoas também não gostariam. E a história está cheia de exemplos como esse.

3. Medo do "e agora?"

Quando as pessoas dizem que o sucesso é solitário, acho que se referem à sensação inacreditavelmente pesada de "e agora?" que cai sobre elas depois de realizar algo. O primeiro medo — do que vem depois — fala do que acontece com o objetivo que você concluiu. Sonhar com um negócio é muito mais fácil que abrir um. "E agora?" se refere a encontrar um objetivo novo. Você teve foco em um único objetivo e, de repente, o alcança; o que vai fazer agora? Isso é particularmente perigoso em

---

[4] Dirigido por Jon Favreau. Califórnia: Universal Pictures e DreamWorks Pictures, 2011.
[5] Jovi, Jon Bon. **Livin' on a Prayer.** Mercury Records, 1986.

situações insalubres em que a pessoa transformou o seu objetivo em toda a sua identidade. Vemos isso acontecer, às vezes, com atletas profissionais e estrelas infantis. Dos 6 aos 30 anos, o futebol era tudo para você. Agora, aos 31 anos, é considerado velho e já passou do auge. Você é cortado do time e, de repente, não sabe mais quem é. E, pior ainda, tem de fazer comerciais para a Wrangler Jeans. Felizmente para você e para mim, lá no capítulo 5 nos preparamos para isso. Você tem uma lista de possibilidades de "e agora?". Lembra-se de todas as próximas ideias que você colocou na lista? Quando terminar esse objetivo, pode pensar nelas. Quando começo a trabalhar em um *podcast*, por exemplo, não me assusto com a linha de chegada porque percebo que é também uma linha de partida para a coisa seguinte. Não é o fim; só um tipo diferente de começo.

Certa vez, eu estava à beira de um penhasco na América Central me perguntando: "E agora?". Havia passado algumas semanas na Costa Rica, durante a faculdade, aprendendo espanhol. Eu havia feito essa viagem com mais 30 alunos e me senti afetado pela realidade de que a viagem havia acabado. Eu sabia que todas as panelinhas que haviam se separado quando partimos se formariam de novo na faculdade, e nunca mais falaria com as 30 pessoas que haviam se tornado minhas amigas. Fiquei ali, olhando para o oceano, inventando a subcultura emo com a minha tristeza. Ao meu redor, as pessoas riam e se divertiam, curtindo uma de nossas últimas noites juntos; porém, para mim, era como se eu estivesse em um funeral.

Não foi uma vez só que passei por isso. Também sinto isso, às vezes, quando falo em eventos. Um dia, falei com mil pessoas em Atlanta. Foi emocionante, porque era um evento no qual eu queria falar havia cinco anos. O pico daquele momento foi incrivelmente alto. Após o evento, eu deveria jantar com os outros palestrantes, mas recebi o endereço errado. Dez minutos depois de sair do palco, eu me encontrei em um estacionamento do Firehouse Subs. Quando entrei para comer um sanduíche, cinco pessoas da plateia já estavam comendo e me ofereceram um lugar na mesa delas. Olharam para mim com certa pena. "O que está fazendo aqui?", perguntaram. Foi uma experiência incrivelmente humilhante.

Não sou o único esmagado pelo "e agora?". No documentário *Conan O'Brien Can't Stop*,[6] vemos Conan fazendo uma turnê pelo país depois de ser demitido da NBC. O filme inteiro trata da dificuldade do "e agora?", mas só uma cena se passa em Nova York.

Conan acabou de fazer um *show*, cujos ingressos esgotaram, no Radio City Music Hall. Há uma multidão enorme nas ruas esperando que ele saia depois do *show*. Um dos funcionários de Conan diz: "Não saia por aí". Conan, atordoado, diz: "Você não entende. Quer que eu saia disso [a apresentação] para fazer o quê? Ler um Kindle?". Dando de ombros, ele saiu para curtir um pouco mais de tietagem.

Você precisa de uma resposta para o "e agora?". É algo legítimo em que pensar, mas não deixe o perfeccionismo

---

[6] Dirigido por Rodman Flender. Pariah, 2011.

se intrometer. Ele lhe dirá que você precisa de uma resposta perfeita para o "e agora?" antes de terminar, mas isso não faz sentido. Você não precisa descobrir o que vem depois antes de terminar algo. Termine de qualquer maneira.

Não deixe que o medo do que vem depois roube a alegria de terminar o que está acontecendo agora. Não deixe que o perfeccionismo o distraia com um segundo objetivo fictício quando você tiver um verdadeiro objetivo quase alcançado.

Se um desses medos não deter você, a simples realidade o fará.

Porque é mais fácil começar um novo objetivo que terminar um antigo.

É incrível como todos os nossos outros desejos se tornam atraentes quando nos aproximamos da conclusão de um. As sereias que cortejavam Odisseu não se distraíam com outros objetivos; elas nos fariam naufragar agora.

É como assistir a mil *trailers* de filmes, mas nunca terminar um filme inteiro. Você terá certa emoção, mas perderá aquilo que faz do filme algo especial se ficar começando um novo o tempo todo.

Não perca o foco. Não ceda ao novo neste momento. Não desista agora. Você está muito perto. Mas há alguém que vai garantir que você não desista.

Você não pode agendar uma crise, mas pode ligar para um amigo

Geralmente, há duas razões para que pessoas que estavam empacadas milagrosamente consigam avançar.

A primeira é que passaram por algo que mudou a vida delas. Meredith voltou para terminar seu curso 23 anos depois porque fez uma cirurgia de peito aberto e percebeu como a vida era frágil.

Esse é um tipo incrivelmente poderoso de motivação, mas não é algo que podemos planejar. Não posso pôr um capítulo neste livro chamado "Como quase morrer". Uma experiência dramática de quase morte não pode ser a solução, apesar do que aconteceu com o personagem de Michael Douglas no filme *Vidas em jogo*. Estupidamente rico e entediado, Douglas é levado a uma experiência de vida ou morte que, no fim, descobrimos que foi um elaborado presente de aniversário de seu irmão, Sean Penn.

Tenho certeza de que, se você é um magnata do petróleo, tem acesso a coisas assim; mas não deve ser. Isso nos deixa com a segunda maneira de garantir que você termine as coisas: um amigo.

Quando fiz pesquisas sobre o que ajudava as pessoas a terminar o que começavam, a resposta foi, repetidamente: um amigo.

A artista que destruía as próprias obras viveu isso. Um dia, ela comentou com um amigo que estava destruindo as coisas que fazia. Não foi um grande momento de intervenção; ela simplesmente comentou isso casualmente, de passagem.

O amigo arregalou os olhos e disse: "Chega disso!". Aquele foi o dia em que ela parou de agir daquele modo.

O que mais gosto dessa história é que o amigo não lhe deu nenhuma explicação eloquente sobre a necessidade de parar com aquilo. Não lhe mostrou uma foto emoldurada de outros artistas nem contou uma história ao estilo Robin Williams, mostrando que todos eles silenciosamente diziam *carpe diem*. Não se comprometeu a acompanhar o progresso dela nos meses seguintes e a reorganizar toda a sua vida. O amigo dela não era Morgan Freeman.

Acho que é isso que, às vezes, queremos.

Esperamos que um guru sábio emerja das sombras do dia e nos diga que a questão é: "ocupar-se de viver, ou ocupar-se de morrer".[7] Claro que tudo fica melhor na voz de Tim Robbins, mas a mudança de que precisamos geralmente não é tão elaborada. Normalmente não é tão complicada nem tão dramática.

É um amigo que quebra o ciclo do hábito e diz para você parar de sofrer à toa. É uma amiga que lhe diz que aquilo que você aceitou como normal não é normal. É um apresentador de *talk show* que tira sarro de você.

Isso provavelmente não vai acontecer com você, mas foi o que estimulou o comediante Chris Hardwick a mudar. Uma noite, Jon Stewart fez um comentário sobre Chris no *The Daily Show*. Assistindo em casa, Hardwick ficou arrasado. Naquela noite, decidiu que pararia de beber, emagreceria e colocaria seus negócios em ordem.[8]

Foi fácil? Claro que não, mas a questão é que ele começou por causa de algo pequeno dito por um colega comediante e amigo.

Precisamos de amigos durante toda a meta, mas eles são mais indispensáveis na linha de chegada.

Procure um e — talvez ainda mais importante — seja um.

O escritor Josh Shipp passou a infância pulando de um lar adotivo a outro. Muitos adolescentes teriam sucumbido

---

[7] Frase citada por Andy Dufresne, personagem interpretado por Tim Robbins no filme *Um sonho de liberdade* (1994). [N. do E.]
[8] Obra não traduzida para a língua portuguesa. [Hardwick, Chris. **The Nerdist Way:** How to Reach the Next Level (In Real Life). Nova York: Berkley Books, 2011.]

nessa experiência, sem nunca conseguir superar. Josh transformou sua experiência em uma missão para ajudar outras crianças em risco. Uma de suas frases favoritas é: "Toda criança está a um adulto carinhoso de distância de ser uma história de sucesso".[9] Adoro esse conceito e acho que é verdade para as crianças e para os adultos.

Nós nunca envelhecemos por precisar que alguém acredite em nós.

Não é complicado, não é difícil nem demorado. Alguém conhecido pode precisar que você lhe diga para parar de sofrer à toa.

Mais uma pergunta que ninguém nunca faz

Veja mais uma pergunta que você nunca se fez: "O que ganho se não terminar?".

Porque sempre se ganha alguma coisa.

Se você tem um objetivo há algum tempo, ou um que já começou e abandonou várias vezes, há uma razão para isso. Está ganhando alguma coisa por não terminar. Há um pedaço de queijo escondido em algum lugar desse labirinto.

Uma aspirante a artista me disse no Facebook que sabe por que não termina as coisas. "Se eu acho que não serei bem-sucedida, permito tudo que me impeça de tentar alcançar meu objetivo."

Está vendo o perfeccionismo aí? Ela tem medo de não ser bem-sucedida, de que não seja tudo perfeito.

Esse é um clássico benefício de não terminar as coisas: você consegue manter a ilusão de que poderia terminar, se quisesses.

---

[9] Artigo não traduzido para a língua portuguesa. [SHIPP, Josh. The Power of One Caring Adult. **JoshShipp.** Disponível em: joshshipp.com/one-caring-adult/.]

Em vez de tentar descobrir se você não é bom naquilo, esconde-se no mito do talvez. É por isso que minha amiga Carly não toca violino.

"Tenho o violino há três anos e só o tirei do estojo duas vezes. Fico apavorada. Se começar a tocar e perceber que não vou conseguir, o sonho de tocar violino um dia vai morrer. Então, faz muito sentido deixá-lo no estojo para sempre, não é? Absurdo!"

No fundo, ela sabe o que está fazendo porque fez essa pergunta a si mesma. E você?

Quais são os benefícios mais comuns que as pessoas recebem por não terminar as coisas? Vejamos três coisas ditas por três pessoas que têm dificuldade para terminar o que começam:

1. Controle sobre o resultado

Porque se eu tentar, posso fracassar. Se eu nunca tentar, pelo menos sei o resultado.

2. Elogios por ser um mártir

Se você "sacrifica" seus objetivos focando em outros aspectos da vida (filhos, objetivos do cônjuge, outros eventos da vida etc.), recebe elogios de pessoas que ficam impressionadas com esse ato "altruísta".

3. Redução das expectativas dos outros

Se eu tentar ser bem-sucedido, as expectativas de perfeição serão ainda maiores da próxima vez. Prefiro ocasionalmente surpreender as pessoas com o que posso fazer em vez de construir uma reputação de sucesso.

Se o que ganha por não terminar supera o que ganha por terminar, este livro terá sido inútil para você.

Certa vez, eu disse à minha esposa que gostaria de ter amigos melhores, e ela disse:

— Gostaria nada.

Perguntei o que ela queria dizer com isso, e Jenny respondeu:

— Você é extrovertido com estranhos e introvertido com pessoas que conhece. E usa suas viagens a trabalho como desculpa para se esconder dos relacionamentos.

Você diz coisas malvadas, Jenny...

Ela estava certa. O que ganho evitando relacionamentos é a segurança de pensar que não posso ser ferido pelos outros se não me conecto com ninguém. Esse problema parece exatamente o enredo de um filme do canal Lifetime: "Cercado de pessoas, sozinho em casa... a luta de um homem para aceitar o risco de um relacionamento".

Claro que houve momentos em que eu tive de dar um tempo nos relacionamentos para focar em um objetivo, mas, quanto mais eu me agarrava àquilo que acreditava serem os benefícios de me esconder, mais eu fracassava no objetivo de ter amigos.

O perfeccionismo sempre nos oferece uma versão distorcida e tênue do mundo. Minhas amizades eram "perfeitas" porque não machucavam; mas, por nunca ser presente com os amigos, meus relacionamentos eram falsos.

O que você ganha por não terminar as coisas?

Seja honesto consigo mesmo. E, se encontrar algo, aumente ainda mais a motivação da recompensa ou do medo.

Imagine a gangorra de um parquinho. Se, de um lado, você tem um benefício enorme, reconhecidamente imperfeito, por não terminar, toda a agitação do outro lado não importa. A emoção de esquiar com as minhas próprias botas em vez de com aparelhos de tortura alugados foi grande o bastante para ofuscar o que eu conseguia por não terminar o meu livro.

Se não fosse, eu teria acrescentado esquis e talvez até uma viagem ao Colorado para aumentar a recompensa. Identifique o que você está ganhando por não terminar, e depois incline a balança a seu favor, especialmente à medida que se aproxima da linha de chegada.

Quem tem medo da linha de chegada?

Não tema a véspera do fim. Não tema nenhuma linha de chegada. Você se esforçou demais para desistir agora.

O oceano tem algumas ondas? Algumas pessoas não entenderão sua arte? O resultado será diferente de sua visão? Sim. Não posso mentir para você a esta altura do livro. Mas você nunca conhecerá a alegria inacreditável de cumprir uma promessa feita a si mesmo se não terminar o que começou.

É isso que estamos fazendo: cumprindo um compromisso com nós mesmos, sabendo que estará cumprido quando terminarmos.

Ações

1. Identifique contra qual dos medos finais impostos pelo perfeccionismo você mais luta (caso existam).
2. Anote o nome de um amigo a quem você pode recorrer.
3. Responda à pergunta: "O que ganho por não terminar?".

CONCLUSÃO

Tenho uma confissão a fazer.

Pelo menos três vezes por semana, assisto a vídeos do *The Voice*[1] no YouTube.

Não assisto só à versão americana do programa, com Blake Shelton, Pharrell, Gwen Stefani e Adam Levine. Desço as profundas trilhas de coelho que me levam a curtir o teste de um cantor de ópera no *The Voice* Albânia. Apresentado por Ledion Lico, claro.

Se você nunca viu esse programa, é um concurso de canto semelhante ao *American Idol*.

Minha parte favorita é o processo do teste. Ao contrário de outros programas musicais, os juízes não podem ver o competidor quando ele começa a cantar. Os quatro juízes ficam sentados de costas em grandes cadeiras (parecem o tipo de coisa que o vilão de um filme de James Bond teria em seu covil dentro de um vulcão).

---

[1] Dirigido por Alan Carter e produzido por John de Mol e Mark Burnett, NBC Universal.

TERMINE

Quando gostam do que ouvem, eles apertam um grande botão e giram a cadeira para ver a pessoa. Às vezes, a pessoa combina exatamente com a voz que tem, e aí não há muita surpresa. Mas, nos melhores testes, a pessoa que canta não se parece em nada com a voz dela.

Os juízes ficam em choque, apertam o botão grande uma dúzia de vezes, e a plateia aplaude de pé.

É por isso que é divertido ver testes como o de Susan Boyle e Paul Potts. Nenhum deles parece cheio de talento; parecem normais e medianos. Você passaria por eles na rua sem nem notar. Mas, quando abrem a boca e fazem o que sabem fazer, são incríveis.

Para cada Paul Potts, porém, existem mil pessoas que nunca tentaram. Para cada Susan Boyle, existem mil cantores de chuveiro que não se acham bons o bastante para fazer um teste.

Isso é, em última análise, a pior coisa que o perfeccionismo faz.

Isso nos mantém dentro de casa, presos no sofá, e garante que nunca tentemos.

Isso leva você ao último exame final de uma faculdade de seis anos e depois o convence a bombar de propósito.

Eu não conheço você; talvez nunca nos conheçamos. Talvez você nunca veja que eu sou mais alto na vida real. Alto como um jogador de basquete. Pesquise no Google.

Mas eu sei que, se você ceder ao perfeccionismo, já era.

Pare de sofrer à toa.

Talvez você nem chegue tão longe; talvez não consiga nem chegar à loja para comprar material de pintura. Talvez sua arte nem chegue à tela.

Conclusão

Não sei que obstáculo o faz tropeçar; não sei qual armadilha o perfeccionismo usa mais contra você. Não sei por que você se recusa a terminar as coisas.

Só sei que há um momento para o qual quero convidá-lo: o momento em que o inesperado acontece, quando um juiz vira a cadeira e se surpreende com o que você, velhinho, é capaz. Posso ser brega e desagradável, mas, às vezes, ser legal é uma forma de covardia para impedir que você admita as coisas que lhe importam mais profundamente.

A virada da cadeira é uma de minhas coisas favoritas. É também por isso que acredito em terminar o que começamos.

A maioria das pessoas passa a maior parte da vida imaginando "e se". Imaginando, sonhando, esperando...

E uma semana se transforma em um mês, que se transforma em um ano.

O palco continua vazio. O microfone mudo. A cadeira não gira porque ninguém está cantando.

Em momentos como esse, o objetivo não desaparece. Pensamos que, talvez, as areias do tempo o cubram e esqueçamos tudo, mas isso não acontece. A luz de uma meta não cumprida pode diminuir, mas nunca se apaga. Um personagem de algum filme vai nos fazer lembrar da promessa, ou uma vitrine onde há um livro como o nosso, ou um comentário de um amigo vai agitar tudo de novo.

Objetivos que você se recusa a tentar atingir não desaparecem; tornam-se fantasmas que o assombram. Sabe por que, hoje em dia, as pessoas se enfurecem e se ofendem na internet e põem logo a raiva para fora? Porque a paixão delas não tem outra saída.

Quando você se recusa a usar a alegria, não deixa de ser capaz de senti-la; apenas canaliza toda essa energia para outro lugar.

TERMINE

Muitos *trolls* nasceram da dor de cabeça de uma meta que não ousaram terminar. Talvez um *troll* seja só alguém que perdeu para o perfeccionismo tantas vezes que desistiu de seus objetivos e decidiu derrubar os de outra pessoa.

Mas nós tentamos, agimos, fracassamos e tentamos de novo.

Por que eu acredito em acabar as coisas que começamos?

Porque eu acredito em você.

Eu acredito que há mais.

Marque isto: acredito que há muito mais.

Por que eu acredito nisso?

Porque já vi isso mil vezes; mil pessoas diferentes trabalhando em mil objetivos diferentes.

E, se você tentar um décimo das coisas sobre as quais falamos neste livro, também verá.

Começar é divertido, mas o futuro pertence aos finalizadores.

Pronto para ser um?

AGRADECIMENTOS

Muitas vezes, pensei que esta parte do livro deveria se chamar "Agradecimentos e desculpas". Acho que é porque poucas coisas me deixam tão ansioso e mal-humorado quanto tentar terminar um livro no prazo. Portanto, vou logo começar e agradecer à minha linda esposa, Jenny, por me aturar durante o processo de escrita mais longo que já vi. Sua paciência e contribuições tornaram tudo isso possível. Mamãe e papai, obrigado por acreditarem em mim e me incentivarem durante todos esses anos. Jon e Laura Calbert, eu não poderia querer sogros melhores!

Muito obrigado à equipe da Portfolio por fazer este livro acontecer. Bria Sandford, sem suas revisões, não valeria a pena ler este livro. Com elas, acho que você me ajudou a chegar a meu livro favorito. Margot Stamas, as pessoas vão conhecer este livro porque você o comercializou tão bem. Kaushik Viswanath, você impediu que um erro crítico sobre Bon Jovi visse a luz do dia — o pior pesadelo de todo escritor. Adrian Zackheim e Will Weiser, obrigado por defender a causa dos escritores do mundo todo. Mike Salisbury e Curtis Yates, obrigado por dirigir minha carreira de escritor nos últimos anos. Eu não sonharia em fazer isso sem vocês.

Mike Peasley, suas pesquisas transformaram a minha ideia em um livro, e lhe serei eternamente grato. Ashley Holland, a única razão de eu conseguir entregar este livro, fazer apresentações, manter as luzes acesas etc. é porque você é um chefe de equipe incrível. Obrigado por seu apoio constante! Bryan Allain, obrigado por anos de trabalho duro para garantir que os livros não fiquem apenas na prateleira. Obrigado a todos que fizeram os cursos "*30 Days of Hustle*" e "*90 Days of Business Hustle*" [90 dias de agitação de negócios]. O *feedback* de vocês foi inestimável. Por último, mas não menos importante, obrigado a todos que me permitiram usar suas histórias neste livro. Vocês deixaram tudo muito melhor!